밀림의 귀환

밀림이 다시 울창해지고 있다.

역사가 돌아오고 있다.

나라들은 과거의 습관과 전통으로 되돌아가고 있다.

놀랄 일이 아니다.

———

로버트 케이건

자유주의 세계질서는 붕괴하는가

밀림의 귀환

The Jungle
Grows Back

로버트 케이건 지음 | 홍지수 옮김

김앤김북스

The Jungle Grows Back
America and Our Imperiled World

Copyright ⓒ 2018 by Robert Kagan
All rights reserved.

This Korean edition was published by KIM & KIM BOOKS in 2021
by arrangement with Alfred A. Knopf, an imprint of The Knopf Doubleday Publishing Group,
a division of Penguin Random House LLC
through KCC(Korea Copyright Center Inc.), Seoul

이 책은 ㈜한국저작권센터(KCC)를 통한 저작권자와의 독점계약으로
김앤김북스에서 출간되었습니다.
저작권법에 의해 한국 내에서 보호를 받는 저작물이므로 무단전재와 복제를 금합니다

밀림의 귀환
자유주의 세계질서는 붕괴하는가

초판 1쇄 발행 2021년 12월 23일
2쇄 발행 2022년 3월 31일

지은이 로버트 케이건
옮긴이 홍지수
펴낸이 김건수
디자인 이재호 디자인

펴낸곳 김앤김북스
출판등록 2001년 2월 9일(제12302호)
주소 서울시 마포구 월드컵로42길 40, 326호
전화 (02)773-5133 | 팩스 (02)773-5134
Email apprro@naver.com
ISBN 978-89-89566-86-1 (03340)

차례

나는 늘 한국을 제2차 세계대전 이후 구축된 자유주의 세계질서의
대단한 성공 사례로 간주해왔다. 오랜 세월 일본에 정복당한 식민지
였을 뿐만 아니라 두 차례의 끔찍한 전쟁의 참상과 파괴를 이겨내고
평양 전체주의 정권과 70년을 맞서 왔지만, 한국은 오늘날 풍요롭고
번성하는 민주국가이다. 한국 국민도 그들 나름의 실패를 겪었고 부
족한 점도 있다. 미국을 포함해 민주국가라면 하나같이 그러하듯이
한국도 진화하고 있지만 불완전하고 불만과 환멸의 징후를 보이기도
한다. 미국과 유럽 그리고 다른 지역과 마찬가지로 한국에서도 반자
유주의적 정서가 준동하고 있다. 그러나 여러 가지 난관에도 불구하
고 민주 정부를 유지하고 개인의 권리를 수호해야 한다는 기본적인
보편적 정서는 여전히 강하다. 지정학적으로 보면, 한국은 다른 강대
국들의 권력다툼에 희생된 오랜 세월 끝에 자국의 운명을 개척할 수
있는 강한 독립 국가로 부상했다. 한국은 동북아시아에서 다른 강대
국들의 종속국이 아니라 주권을 행사하는 동등한 국가로서 자리매김
하고 있다.

그리 멀지 않은 과거에는 이러한 추세들이 본질적으로 역전되기

어렵다는 정서가 만연했었다. 헤겔이 제시한, 사회를 조직화하는 다른 형태들과의 변증법적 경쟁에서 자유주의가 승리한 역사의 종착점에 섰다고 생각했다. 많은 이들이 과거에 공산주의나 독재였던 정권들이 서서히 그러나 분명히 자유주의 세계질서에 문호를 개방하고 그 질서에 합류하면서 국제정치가 자유주의로 수렴하리라고 예상했다. 많은 이들이 일종의 경제 결정론을 믿었다. 예컨대, 한국이 민주국가로 발돋움한 까닭은 단순히 1인당 GDP가 증가하고 중산층이 두터워진 결과라고 생각했다. 경제적 변화를 정치가 따라잡으면서 야기된 필연적인 결과라고 생각했다. 세계 평화, 그리고 한반도와 동아시아에서의 평화는 세계화, 경제적 상호 의존, 그리고 인류의 진정한 도덕적 진전, 계몽주의 이상들이 서서히 확산되고 받아들여진 결과라고 생각했다. 목적론적 우주관, 인류의 필연적인 진보에 대한 안이한 자유주의적 믿음이었다.

그러나 실제로 과거에도 지금도 필연이란 없다. 한국의 성공을 가능케 한 여러 가지 요인들이 있고, 끔찍한 비극을 포함해서 우발적인 역사적 사건들에서 비롯되기도 했다. 그리고 한국의 진보는 비교적 개방적이고 안정적인 국제질서에서 비롯되었는데, 그 질서가 허물어지고 있는지도 모른다.

오늘날, 자유 진영 자체를 비롯해 세계 도처에서 독재가 부활하고 있다. 자유주의자들의 기대와는 달리 독재자들은 억압적인 정부와 딱히 양립 불가능할 필요가 없는, 국가 주도 자본주의를 실행할 방법을 터득했다. 한때 많은 이들이 지경학(geoeconomics)이 지정학

(geopolitics)을 대체했다고 생각했지만, 오늘날 세계는 19세기 말과 20세기처럼 지정학으로 귀환하고 있다. 한때 시대착오적이라고 간주되었던 영토에 대한 야욕이 유럽으로 되돌아왔고 아시아에도 돌아올 조짐을 보이고 있다.

이 모든 상황들은 한국에게 매우 심오한 의미를 지닌다. 한국의 대단한 성공은 역사의 거창한 추세들 덕분이 아니다. 물질적이든 도덕적이든 상관없이 말이다. 한국의 성공은 인간의 행동과 상호작용 덕분이었다. 한국 국민의 놀라운 생명력, 결연한 의지, 산업, 자유를 사랑하는 정서도 물론 한국의 성공에 기여했다. 그러나 자유주의적, 민주적 자본주의에 우호적인 국제 환경이 조성되지 않았다면 그것만으로는 충분치 못했을 게 틀림없다. 안정적이고 안보가 보장되는 국제 정세 속에서 한국 국민이 자유 민주정체와 자본주의를 바탕으로 한 체제를 구축할 기회를 제공한 게 바로 국제 환경이다. 한국 기업들의 대단한 성취, 대부분의 한국인들의 생활수준을 향상시키는 데 기여한 그 성취는 기업들이 공정하게 경쟁하도록 해주는 비교적 개방적인 국제무역체제가 없었다면 불가능했다. 이러한 무역체제는 제2차 세계대전 동안과 전쟁이 끝난 후 세계의 자유 진영 강대국들이 개별적인 국가의 성장뿐만 아니라 모두에게 이득이 될 보편적인 세계적 풍요를 염두에 두고 실행한 경제적 행동이 규정과 규범을 토대로 했다. 이 체제가 유지되려면 강대국 간의 갈등이 없어야 했고 보편적인 평화와 안보가 유지되어야 했다. 한국은 1953년 이후에 가서야 이를 누릴 수 있었고, 한국이 국내 경제발전에 집중할 수 있도록 비교적 안전한 환경을 조성해주었다. 1980년대에 한국이 독재국가에서 민주국가로 극적으로 전환하는 사건은 세계적으로 자유민주적 추세가 확산되고 세계적으로 경제적 번영이 확산되는 맥락에서 일어났고, 한국은 이러한 추세에 기여하는 동시에 수혜를 입었다.

그러나 인간은 자신이 창조한 것을 파괴하기도 한다. 우리는 역사가 어떤 목표를 향해 나아간다는 망상을 지니고 있지만 역사에는 목적이 없다. 인류 역사 전체를 들여다보면, 지난 70여 년은 뉴노멀(New normal)이라기보다 상궤를 벗어난 시기로 두드러진다. 공격적이고 야욕으로 충만한 강대국들이 구축한 제2차 대전 이전의 세계, 갈등이 끊이지 않고 경제적 독재, 무역장벽, 독재가 만연했던 세계가 역사의 뒤안길로 사라졌다고 치부해서는 안 된다. 그 과거는 우리의 미래일 수도 있다. 현재의 국제 권력과 이념의 지형이 약화되거나 허물어지고 무질서나 다른 종류의 권력과 신념의 지형으로 대체된다면 말이다.

현재의 세계질서가 붕괴하도록 내버려두면 그 어떤 나라보다도 한국은 직접적으로 그 영향을 받게 된다. 동아시아는 여전히 지정학적 각축전이 벌어지는 현장이다. 1945년 이전에는 점점 막강해지던 일본이 지역 패권을 노렸고 이 지역 사람들에게 끔찍한 유혈극을 야기했다. 오늘날에 지역 패권을 모색하는 나라는 중국이지만 아직은 극복하기 힘든 난관에 봉착해 있다. 막강한 미국의 존재가 역내 패권 경쟁을 억지하고 있는데, 미국은 대체로 이 지역의 강대국들이 전통적인 유형의 국가적 경쟁에 돌입하지 못하게 하고 지역을 안정화하는 역할을 해왔다. 미국이 그러한 역할을 더 이상 하지 않으려 한다면 역내 강대국들은 통상적인 경쟁 관계로 귀환하게 된다. 그러한 세계에서 한국은 고통스러운 결단을 내려야 한다. 역내 강대국들에 순응할지, 아니면 충분한 군사력을 확보해서 미국을 대신해 힘의 균형을 유지함으로써 그들을 억지하는 역할을 할지 말이다.

이는 매우 어려운 결단이고 한국의 국내 정치에 어마어마한 압박을 가하게 된다. 현재 한국 민주정체가 지닌 취약점이 무엇이든, 안보가 약화된 세계에서는 그 취약점들이 훨씬 악화된다. 한국의 민주정체는 여느 민주정체 국가들과 마찬가지로 비교적 안보가 보장되는 여건하에서 가장 잘 작동한다. 국가 안보가 불안하면 개인의 권리를 희생시키고 국가와 국가 기관들의 힘이 강화되는 경향이 있다.

늘 그러하듯이 미국이 어떤 방향으로 나아갈 것인지가 관건이다. 2017년부터 2020년까지 미국의 정책은 한미 관계를 껄끄럽게 했다. 트럼프 행정부는 한국의 안보에 대한 미국의 약속에 대해 의문을 제기했고, 대통령 본인이 주한미군의 가치에 회의를 표했다. 그런 생각을 한 대통령은 트럼프가 처음은 아니다. 40년 전 지미 카터도 그랬었다. 헨리 키신저는 저우언라이에게 주한미군은 미국 외교정책의 "항구적인 특성"은 아니라고까지 말했다.

70년 전 공산주의를 두려워하고 제2차 세계대전을 막 겪고 난 미국은 자국의 안보가 자유민주적 세계질서와 엮여 있다고 확신했다. 미국인들은 자금을 투입해 해외에 미군을 주둔시키고 동아시아와 유럽의 역내 정치에서 역할을 담당할 태세가 되어 있었다. 그러나 오늘날 미국인들은 모호한 입장을 취하고 있고, 그런 입장을 취한 지 꽤 됐다. 30년 동안 미국 국민들 사이에서는 해외 개입을 자제해야 한다는 정서가 점증해왔다. 그러한 정서는 이라크전쟁과 아프가니스탄전쟁 이전부터 있었고 진주만 이후로 미국의 영토에 대한 최악의 공격인 2001년 9/11 테러 공격 사건, 급진 이슬람 테러리즘의 점증하는 위협과 북한, 이란, 중국, 러시아로부터의 위협도 점증하고 있다는 인식에도 불구하고 지속되었다. 오늘날 미국인들은 여전히 자국이 왜 그렇게 세상만사에 깊이 관여하는지, 왜 중동같이 구제 불능인 지역에 돈과 인명을 쏟아붓고 있는지, 왜 독일, 일본, 남한 같은 부유한 동맹국들이 자국의 국방을 위해 더 큰 부담을 지지 않는지, 왜 미국이 자국의 경제와 안보 이익과 직접적인 연관이 없어 보이는 문제들 때문에 전쟁의 위험을 감수해야 하는지에 대해 의문을 품고 있다. 이런 정서는 특정한 대통령을 초월해 나타나고 있다. 버락 오바마 대통령은 "무임승차자들"에 대한 불만을 토로했다. 트럼프 대통령은 미국이 한국을 비롯해 해외에 미군을 주둔시키는 대가로 충분히 보상받지 못하고 있다고 불만을 토로했다. 이러한 압박은 지속될 가능성이 높다.

그러나 미국인들은 변덕이 심하고 서로 모순되는 여러 가지 욕구를 지니고 있다. 한미 관계를 긴밀하게 유지하는 데 긍정적으로 작용할 한 가지 요인은 미국인들이 중국에 대한 우려가 높아지고 있다는 사실이다. 미국에서는 중국이 미국의 이익을 다각적으로 위협한다는 초당적인 합의가 조성되어 있다. 처음으로 미국 근로자들과 많은 미국 기업들이 중국의 경제정책을 두려움과 의심의 눈초리로 바라보고 있다. 미국인들은 중국이 소셜미디어 플랫폼, 영화 산업, 미국 대학에 침투하고 있다고 우려하고 있다. 중국의 군사력이 증가하는 현실에 대해 우려하는 이들이 있는가 하면, 중국이 공권력으로 위구르족을 비롯한 여러 사람들을 억압하고 희생자로 만드는 상황에 경악하고 있다. 이러한 정서는 상당 기간 동안 지속될 가능성이 높으며, 따라서 적어도 미국 관료들은 계속해서 한국을 중요한 전략적, 경제적 동반자로 간주할 가능성이 높다. 미국이 중국의 위협에 맞서야 한다면 역내에 막강한 민주국가 동맹국들이 필요하다. 한국이 그러한 본보기이다.

한국을 비롯해 다른 역내 동맹국들에 대한 미국의 입장이 여전히 확고하다면, 중국은 아시아의 패권국가가 된다는 목표를 달성하는 데 있어서 상당한 장애물에 직면하게 된다. 중국의 힘과 영향력이 점증하고 있지만 여전히 다른 강대국들에 둘러싸여 있고, 그러한 나라들 중 대다수가 한국과 같이 미국과 동맹을 맺고 있거나 안보협력 관계를 유지하고 있다. 미국이 강하고 결연한 의지를 지니고 있으며 자유주의 세계질서가 여전히 건강하고 자유 진영이 단결한다면 중국의 도전은 실패할 가능성이 높으며, 그렇게 되면 중국 지도층은 내부적으로 위기에 처하게 된다. 중국인들은 그들이 대만이나 남중국해 문제를 둘러싸고 미국을 상대로 전쟁을 벌여 초기에는 승리할지 몰라도, 잠자는 거인인 미국을 깨우면 미국이 산업 역량과 전 세계적 동맹관계를 총동원해 장기적으로는 결국 중국이 패배하게 된다는 사실을 틀림없이 알고 있다.

그러나 이러한 전망은 잠든 거인이 두 번째로 깨어날 수 있다는 전제를 깔고 있다. 미국의 역사가 보여주듯이, 미국인들은 서로 모순되는 경로들을 추구하는 경향이 있고, 따라서 중국의 점증하는 힘과 영향력을 우려하면서도 주한미군의 가치에 대해 계속 의문을 제기하리라는 예상을 하기가 전혀 불가능하지는 않다. 만약에 그리고 실제로 중국 지도자들이 동아시아에서 자유주의 질서를 계속 수호할 의지가 미국에게 없다고 판단할 때 위험에 처하게 된다. 중국이 그 시점에, 예컨대 남중국해, 동중국해, 혹은 대만에 대해 행동을 취한다고 해도 여전히 도박이긴 하지만, 역사적으로 부상하는 강대국들이 택한다고 알려진 그러한 종류의 도박이다.

따라서, 적어도 한 세기 동안 그러해 왔듯이, 미국이 행동을 하고 안 하고 여부는 한국을 비롯해 다른 많은 나라들의 운명에 상당한 영향을 미치게 된다. 여러 가지 부정적인 추세가 지속됨에도 불구하고 낙관할 만한 이유가 있다. 이 모든 상황에도 불구하고, 놀랍게도 아직 우리에게는 자유주의 질서의 붕괴를 막거나 어쩌면 상당 기간 동안 붕괴를 지연시킬 역량이 남아 있다. 오늘날 자유주의 질서는, 이를 훼손하거나 해체하려는 시도에도 불구하고, 여전히 건재하다. 자유주의 질서를 뒷받침하는 국제적 구조는 내구성이 강하다. 이는 부분적으로는 이러한 구조들이 여전히 자유주의 질서에 부합하는 지리적 현실과 힘의 분배를 토대로 하고 있고, 이러한 질서를 훼손하려는 이들에게 장애물이 되고 있기 때문이다. 또한 자유주의적 가치들이 공격을 받고 있지만 여전히 세계의 민주적 국가들을 하나로 결속시키는 힘이 되어주고 있기 때문이기도 하다. 탈냉전시대가 증명했듯이 민주국가들을 결속시켜주는 요인은 공동의 적 이상이다. 과거 미국의 두 행정부 하에서 유럽과 아시아 두 지역에 대한 입장이 약화되었지만, 이 두 지역에서의 미국의 동맹관계는 현재까지 유지되고 있다. 자유주의 세계질서를 구제할 가능성은 여전히 남아 있다.

서론

밀림이
돌아오고 있다

THE JUNGLE
GROWS
BACK

미 국이 주도하는 자유주의 세계질서(liberal world order)는 자연스럽게 발생한 현상이 결코 아니었다. 천 년에 걸쳐 진화해온 과정의 종결도 아니고 보편적인 인간의 욕구가 실현된 필연적인 결과도 아니었다. 지난 70여 년 동안 무역은 비교적 자유로워지고 개인의 권리도 점점 더 존중하게 되고 국가들 간에 비교적 평화로운 협력이 이루어졌다. 자유주의 질서의 핵심적 요소들이 실현되었다는 뜻이다. 그리고 이러한 현상은 역사적으로 볼 때 아주 이례적인 현상이다. 수천 년을 거슬러 올라가는 인류의 역사는 1945년까지만 해도 전쟁, 폭정, 가난으로 점철되었고 민주정체(民主政體, democracy)는 너무나도 희귀해서 거의 우발적으로 등장한다고 여겨질 정도였으며, 풍요는 막강한 권력을 행사하는 소수가 누리는 사치였다.

우리 시대에도 그 나름의 참상과 학살과 억압과 야만성이 없지는 않았다. 하지만 가까운 과거의 기준을 포함해 역사적인 기준에 비추어볼 때 비교적 낙원 같았다. 1500년부터 1945년까지의 기간 동안 세계의 최강대국들, 유럽의 강대국들 간에 전쟁이 일어나지 않은 해가 거의 없지만, 1945년 이후로 강대국들 사이에 전쟁은 일어나지 않았다.[1]

미국과 소련 간의 냉전은 평화롭게 막을 내렸다. 역사적으로 아주 드문 사례다. 한편, 최근 발생한 비교적 규모가 작은 전쟁들로부터 비롯된 사망자 수는 급격히 줄었고 폭력적 충돌에서 비롯되는 모든 종류의 사망도 줄었다. 제2차 세계대전 종전 이후로 세계는 전례 없는 풍요의 시대를 구가해왔다. 2007~2008년 금융위기 때 주춤하긴 했지만, 70여 년 동안 세계 GDP는 한 해 평균 3.5퍼센트 성장했다. 1945년 이후로 세계 40여억

명의 인구가 빈곤에서 벗어났다. 1939년 한 줌에 불과하던 민주정체 정부의 수는 오늘날 백여 개에 이른다. 전 세계적으로 개인의 권리가 신장되면서 국가의 힘은 제약되었고, 존중받는 개인의 권리는 확장일로를 걸어왔다. 에이브러햄 링컨이 인간 본성에 내재된 "선한 천사"라 일컬은 성향의 발현이 권장되었고, 인간이 지닌 최악의 충동들 가운데 일부는 과거 어느 때보다도 효과적으로 억제되었다.[2] 하지만 이 모두는 인류 역사에서 극히 드문 이례적인 현상이다. 이는 마치 잘 가꾼 정원과 같다. 역사의 위력으로부터 끊임없이 공격을 받는 정원은 넝쿨과 잡초로 다시 뒤덮일 위험에 항상 노출되어 있다.

오늘날 자유주의 세계질서라고 일컫는 현상은 유럽과 미국의 대학가와 포퓰리스트 세력 사이에서, 그리고 심지어 백악관에서도 비판의 대상이 되고 있다. 이 경이로운 시대에서조차 사람들은 이기적이고 탐욕적이고 잔인하고 격정과 무지에 눈이 먼다. 그게 인간이라는 뜻이다. 하지만 무엇과 비교해서 그렇다는 건지가 문제이다. 근 수십 년 동안 우리가 목격한 세계보다 더 나은 세계를 상상하기는 가능하겠지만 아무도 아직은 이를 실제로 경험해보지는 못했다. 지금 이 세계의 결함에 대한 비판이 아무리 정당해도 역사와 인간의 본성에 대한 현실적인 인식을 토대로 한 비판이 아니다. 자유주의 질서가 구축되기 전에 존재했던 세계와 비교하면 현재의 세계질서하에서 인류의 대다수는 그 어느 때보다도 나은 삶을 누려왔다.

유감스럽게도 우리는 이 모두를 당연시하는 경향이 있다. 자유주의 세계질서라는 온실 안에서 너무 오랫동안 살아왔기 때문에 지금과 다른 세계는 상상하지도 못한다. 우리는 이를 당연하고 정상이며, 심지어 필연적이라고까지 생각한다. 우리는 현재의 세계질서에서 결함을 찾아내고 이보다 낫기를 바라지만, 현재의 세계질서를 대체할 가능성이 높은 대안은 이보다 훨씬 처참하리라는 생각조차 하지 못한다. 역사를 성장과 쇠락의 끊임없는 순환으로 간주하는 다른 문화권들과는 달리, 우리는 역사에 방향성과 목적이 있다고 본다. 우리는 경제적, 정치적 발전 단계가 존재하며, 풍요와 민주정체는 연관되어 있다는 "현대화" 개념을 믿는다. 계몽주의의 후손인 우리는 지식의 확장과 물질적인 진보는 인간 행동의 개선과 도덕적 진보와 병행한다고 믿는다. 몽테스키외에서부터 칸트에 이르기까지 우리는 상거래를 통해 인간과 국가의 영혼이 길들여지면서 갈등은 줄고 화합과 협력은 증진된다는 사실을 터득했다.

마르크스를 비롯한 여러 이론가들은 경제 발전의 단계가 정치 발전의 원동력이라는 점을 터득했다. 봉건주의는 군주와 귀족이 통치하는 정부를 탄생시키고 자본주의는 의회와 민주정체를 토대로 한 정부를 탄생시키는데, 이 모두가 경제결정론이라는 고정불변의 논리의 일환이었다. 헤겔은 역사를 "자유에 대한 인식의 진보"일 뿐이라는 논리를 제시했고, 이를 프랜시스 후쿠야마는 "역사의 종언"이라고 표현해 널리 알려졌다. 그는 "모든 사회에 공통적인 진화의 패턴이 존재하는데 이는 인류의 역사는 보편적으로 자유민주정체의 방향으로 나아간다."라고 했다.[3] 따라서 우리는 앞으로 나아가는 여정에서 이따금 장애물도 만나고 먼 길을 돌아가야 할 때도 있지만 역사의 진보는 필연이라고 믿게 되었다.

그러나 인류의 진보라는 개념은 낭설이다. 지난 20세기를 돌이켜 봐도 기술적 진보와 지식의 확장은 우리 삶을 물질적으로 향상시켜주었으나 인간의 행동을 완전히 개선하지는 못했다. 역사는 계몽을 향해 끊임없이 앞으로 나아가는 진보라고 간주되지도 않았다. 이러한 인식은 엄선된 사실들을 토대로 한다. 우리는 고대 그리스 전성기인 페리클레스의 아테네에서 기독교의 탄생으로, 문예부흥에서 종교개혁으로, 마그나카르타(Magna Carta)에서 미국 독립전쟁으로 건너뛴다. 이러한 황금시대와 대약진의 사연에서 암흑시대와 대대적인 후퇴는 누락되어 있다. 독일 도시국가들의 인구 가운데 거의 절반이 죽음을 당한 30년전쟁, 유럽인 300만 명 이상의 목숨을 앗아가고 수백만 명의 삶을 파괴시키고 20세기 첫 수십 년을 황폐화시킨 혁명적 국가주의를 탄생시키는 데 기여한 나폴레옹 전쟁은 진보의 척도상에서 어디쯤 위치할까? 지난 20세기에 일어난 제1차 세계대전, 제2차 세계대전, 기아, 학살은 인류의 진보라는 논리와 어떻게 맞아떨어질까? 역사적으로 상당히 최근에 발생한 끔찍한 유혈참극과 잔혹성을 묵살해야만 인간이 서로를 대하는 방식이 지속적으로 개선되어왔다고 믿을 수 있다.

자유주의를 향한 꾸준한 진보도 존재하지 않는다. 자유주의적 정부는 18세기에 먼저 영국에서 그리고 미국에서 불꽃처럼 등장했고, 뒤이어 프랑스혁명에서 영감을 받아 19세기와 20세기에 유럽 일부 지역에서 등장했다. 그러나 자유주의가 성장하면서 근대 경찰국가도 동반 성장했다. 18세기 말 오스트리아, 프로이센, 러시아에서 탄생한 경찰국가는 19세기와 20세기에 꾸준히 그 면모가 다듬어졌다. (그리고 프랑스혁명은 독재통치에 이어 여러 차례 전체주의를 겪은 다음에야 비로소 프랑스에서 자유주의를 탄생시켰다.) 19세기에 독일, 이탈리아, 폴란드에서 꿈틀거리던 자유주의는 절대권력들이 물리력과 억압과 검열을 이용해 끊임없이 짓이겼다. 제1차 세계대전 후 민주정체가 잠시 꽃피었지만 곧 시들고 파시즘과 공산주의가 부상하면서 뿌리 뽑혔다. 1930년대에 우크라이나인과 중국인을 상대로, 1940년대에 유대인을 상대로 자행된 잔혹상은 인류가 진보해온 역사의 일부였나, 아니면 이례적인 현상이었나? 아니면 미래의 전조였을까? 제2차 세계대전에서 승전국들이 뒤바뀌었다면 자유주의는 북미 지역 바깥에서는 살아남지 못했을지 모른다.

20세기 한복판에서 자유주의가 부상하리라고 아무도 예상하지 못했다. 1939년에 세계를 조망하면서 역사가 자유주의 이념의 승리를 가리키고 있다고 주장할 엄두를 내지 못했다. 그해 런던에서 조지프 케네디는 월터 리프먼에게 "나는 …민주정체에 대해 비관적이라네. 이미 물 건너갔네."[4]라고 말했다. 1950년에 해나 아렌트가 말했듯이, 서구 문명을 중단 없는 진보로 간주하면 "서양 역사 저변의 흐름"을 무시하게 된다.[5] 역사는 자유주의의 승리로 이어지지 않았다. 히틀러와 스탈린으로 이어졌다. 영원히 계속될 듯했던 냉전시대를 통틀어 역사를 보다 나은 세계로 향하는 꾸준한 진보라고 간주할 이유가 없었다.

정치이론가 주디스 슈클러는 1950년대 말에 쓴 글에서, 양대 세계대전과 전체주의와 대량학살의 시대에 "합리적인 사고를 하는 사람"이라면 그 누구도 "진보의 법칙"이 존재한다고 믿을 수 없었다고 지적했다.[6] 인류에게서 최악의 모습을 목격하고 나서 아렌트는 다음과 같이 주장했다. "과거에 바람직했던 것은 우리의 유산이라 일컬으면서도, 부정적인 것은 폐기처분하면서 시간이 망각 속에 묻어버릴 무거운 짐이라고 치부할 여유가 더 이상 없었다.”7

그러나 그렇게 했다. 인류 역사상 최악의 참사가 우리 조부모 생애 동안 일어났다. 겨우 75년 전 히틀러는 유럽을 초토화시키고, 스탈린은 강제적인 집산정책으로 수백만 명을 굶주리게 하고, 일본군은 난징에서 학살과 강간을 자행하고, 수백만 명이 동부와 중부 유럽에 설치된 가스실에서 처형되고, 미국은 일본 도시에 원자폭탄을 투하하고 있었다. 그러나 비교적 평화롭고 풍요로운 민주정체를 몇십 년 동안 누리고 나서 대부분은 인류가 근본적으로 변했다고 확신하게 되었다. 전쟁, 빈곤, 폭정, 개인의 잔혹함과 집단적 잔혹함, 부족주의와 인종차별주의로 점철된 천 년을 보내고 나서 갑자기 몇십 년이라는 짧은 세월에 걸쳐 인간의 본성이 덜 폭력적이고 덜 호전적이고 보다 남을 배려하고 개방적으로 변했다고 생각하게 되었다.

일부 국제관계 이론가들은 “기존의 국제질서를 뒤엎는 거창한 기제—강대국의 전쟁—가 사라졌다”고 여전히 믿고 있다. 법률학자들은 국가들 간의 “갈등의 속성” 자체가 “근본적으로 바뀌었다”고 주장한다. (1928년 “전쟁을 불법화”한 켈로그-브리앙Kellogg-Briand 조약 덕분에 말이다.) 인지심리학자 스티븐 핑커는 1945년 이후로 세계에서 폭력이 감소해왔다면서 “그토록 짧은 기간 만에 그런 현상이 발생한 이유는 이성과 계몽의 시대에 등장한 철학을 토대로 한 논거들 덕분”이라고 주장한다.8

1930년대에 거의 파멸되었던 “자유주의 이념”이 소련 공산주의가 붕괴된 후 불가역적인 승리를 거두었다고 믿는 이는 아마 거의 없을 것이다.

독재체제(authoritarianism)가 다시 부흥하고 있기 때문이다. 그러나 대부분은 설사 그렇다 해도 과거 20세기처럼 암울한 시대는 이제 역사의 뒤안길로 사라졌고 재발할 리가 없다고 넘겨짚고 있다.

여기 이를 대신할 가설을 소개한다. 지난 70년에 걸쳐 우리는 기술 부문뿐만 아니라 인류의 측면에서도 놀라운 진보를 목격했다. 그러나 이러한 진보는 그 어떤 것의 최고점도 아니었다. 이는 진화의 산물도, 확장하는 지식과 기술 발전의 산물도, 상거래 확대의 산물도 아니며, 인간의 기본적인 본성이 변했기 때문은 더더욱 아니다. 이는 전장(戰場)을 포함해 독특한 역사적 산물에 따라 결정되는 독특한 여건들이 만들어낸 결과였다. 여건이 달랐다면 아주 다른 결과를 낳았을지도 모른다. 무엇보다도 이러한 진보는 국제체제의 틀이 새로 짜이고 국제무대에 새로운 주체가 부상한 데 따른 부산물이었다. 계몽주의의 자유 원칙을 기반으로 한 국가 이념과 독특하고 유리한 지리적 위치, 생산성이 높은 대규모 인구, 전례 없는 경제력과 군사력을 갖춘 주체의 등장에 따른 부산물이었다.

현재의 세계질서가 자유주의, 민주정체, 자본주의를 선호한 이유는 단순히 그러한 체제가 옳고 더 바람직하기 때문이 아니라—아마 1930년대에도 이러한 체제는 옳고 바람직했다—1945년 이후로 세계에서 가장 막강한 나라가 자유민주정체와 자본주의를 토대로 한 국가였기 때문이다. 이 또한 그럴 운명이었다기보다는 독특한 여건과 우발적인 역사적 사건들이 만들어낸 결과였다. 제2차 세계대전 후 천하무적의 막강한 강대국 미국 덕분에 계몽주의 원칙들은 과거 그 어느 때도 누려보지 못한 추진력을 얻었다. 자유주의자들이 진보라 일컫는 대상은 미국의 힘이 구축한 지리적, 지정학적 공간 내에서 자유주의를 수호함으로써 가능해졌다. 이는 보편적인 역사의 필연적인 전개가 아니었다. 그와는 정반대로 자유주의 질서의 탄생은 역사와 인간의 본성에 맞서는 행위였다.

오늘날 사람들은 무엇이 현재의 질서를 위협하는지 묻는데, 이는 엉뚱한 질문이다. 현재의 질서는 인위적인 산물이고 지정학적 관성의 힘에 따라 변할지 모른다. 인류의 역사에 깊이 새겨진 패턴은, 지난 70년 동안 중단되긴 했지만, 여전히 영향력을 발휘하고 있다. 무엇이 자유주의 질서를 붕괴시킬까가 아니라 무엇이 자유주의 질서를 계속 지탱할 수 있을까가 제대로 된 질문이다. 자유주의 질서는 정원과도 같다. 인위적이고 늘 자연의 위협을 받으며, 정원을 보존하려면 정원의 안팎에서 집요하게 정원을 훼손하고 압도하려는 넝쿨과 잡초들에 맞서 끈질기고 중단 없는 투쟁을 전개해야 한다.

오늘날 정원에 넝쿨과 잡초가 다시 무성해져 밀림으로 회귀하려는 조짐이 온 사방에서 감지된다. 한때 자유민주정체와 자본주의라는 발전의 길에 세계 모든 나라와 국민이 합류하리라고 기대했지만, 지금도 독재체제가 번성하지는 않더라도 여전히 버티고 있다. 오늘날 러시아 독재자와 유럽의 미래 독재자들은 비자유주의적 성향을 자랑스럽게 과시하고, 중국의 지도자는 마오쩌둥의 절대 권력을 휘두르면서 자국이 세계의 본보기라고 내세우고 있다. 한때 경제적으로 성공하면 결국 국민이 정치적 자유화를 요구하게 된다고 믿었지만, 여전히 독재체제(autocracy)는 억압적인 정부와 딱히 양립 불가능하지는 않은 국가자본주의를 성공적으로 실행하고 있다. 한때 지경학(geoeconomics)이 지정학(geopolitics)을 대체했다고 믿었지만, 여전히 세계는 19세기 말과 20세기의 지정학과 아주 유사한 지정학으로 회귀하고 있다. 한때 시대착오적이라고 여겼던 영토쟁탈이 유럽에 귀환하고 있고 아시아에도 귀환할 조짐을 보이고 있다. 사해동포적이고 서로 연결된 시대에 민족국가는 한물간 과거라고 점점 믿게 되었지만, 민족주의와 부족주의가 다시 부상하면서 인터넷이라는 경이로운 신세계에서 그 입지를 공고하게 다지고 있다. 한편 근대 민주정체가 탄생한 진영에는 심각한 자신감의 위기가 이어지고 있다. 유럽연합과 같이 한때 탈근대 미래의 전위부대로 간주되었던 자유주의 세계체제는 안팎으로 공격을 받고 있다. 미국에서는 미국 역사의 "저변의 흐름"인 인종적, 부족적 갈등이 다시 표면화되어 정치와 사회의 틀을 다시 짜고 있다. 30년 전만 해도, 3세기 전으로 거슬러 올라가는 계몽주의 사상가들이 품었던 꿈이 마침내 실현되기 직전에 도달한 듯했지만, 지금 계몽주의에 반하는 잠재력이 모스크바, 부다페스트, 베이징, 테헤란, 카이로, 서유럽 일부 지역, 그리고 75년 전 자유주의를 위기에서 구했던 나라에서조차 꿈틀대고 있다.

이러한 예기치 못한 방향 전환에 직면하자 낙관주의는 비관주의로 바뀌고 있다. 30년 전만 해도 자유주의의 개가는 필연적이라고 했다. 오늘날 자유주의의 실패는 필연적이라고 한다. 하나의 운명적인 결정론이 또다른 운명적인 결정론으로 대체되었다.

자유주의 질서가 안팎으로 수많은 위기에 직면하고 있지만 미국 국민과 정치지도자들은 이에 과거처럼 대응하지 않았다. 이 추세를 역전시킬

26

조치를 취해야 한다는 주장도 제기되지 않았다. 이는 그저 일시적인 경로 이탈일 뿐 다시 진보의 길로 들어서기라도 할 듯한 태도를 취하는 이들도 있다. 과거의 낙관주의적 태도를 여전히 고수하는 이들도 있다. 그러한 태도가 타당한지 의심하게 할 그 어떤 일도 일어나지 않았다는 듯이. 알 만큼 아는 전문가들 가운데는 여전히 중국이 결국 자국의 정치체제를 개방하리라고 믿는 이들도 있다. 중국은 정반대 방향으로 단호히 움직이고 있는데 말이다. 러시아가 기존의 정치적, 지정학적 경로를 고수한다면 경제적 붕괴가 불가피할 거라고 믿는 이들도 있다. 지난 20년의 증거는 그 반대인데도 말이다. 유럽에서는 자유주의적 이상이 너무 깊이 새겨져 있어서 절대로 뿌리 뽑히지 않으리라고 믿는 이들도 있다. 대부분이 여전히 평화가 정상이고 전쟁은 오로지 오판이나 우발적으로 발생하는 이례적인 사건이라고 여긴다. 그들은 여전히 자유주의 질서의 보호막에 갇혀 왜곡된 시선으로 세계를 바라보고 있다. "역사의 종언"에 대한 믿음이 좀처럼 훼손되지 않는 이들이 있다.

그러나 자유주의 질서의 내구성에 대해, 심지어 바람직한지 여부에 대해 심각한 회의가 훨씬 만연해 있다. 좌우 진영을 불문하고 자유주의 질서를 수호하려는 투쟁에 대해 절망적이라거나 잘못이라고 여기는 이들이 점점 늘고 있다. 자칭 "현실주의자"는 미국인들에게 세계를 당위가 아니라 현상으로 있는 그대로 받아들여야 한다고 주장한다. 저자이자 평론가인 월터 러셀 미드가 지난 4반세기의 "실패와 어리석음"이라 일컬은 사건들—이라크전쟁과 아프가니스탄전쟁, 1990년대의 개입주의, 북대서양조약기구의 확대, 민주정체에 적대적인 지역들에서 민주정체가 뿌리를 내리도록 하려는 포괄적인 노력—을 통탄하면서 "절제(restraint)"라는 새로운 정책을 내세운다.[9] 자유주의 세계질서를 뒷받침하는 정책은 미국인들에게 과도한 세금 부담을 안겨주고 지치게 만들었지만, 미국인에게도 다른 이들에게도 아무 도움이 되지 않았다고 그들은 주장한다. 2011년 버락 오바마는 아프가니스탄에 주둔하는 미군을 감축한다고 발표하면서 "국내에서 국가 건설에 집중할 때"라고 주장했다.[10] 그로부터 5년 후, 도널드 트럼프도 "미국을 우선시"할 때라고 유권자들에게 말함으로써 오바마가 내비친 정서를 되풀이했다.

여론조사에 따르면, 미국인들은 대부분 이에 동의한다. 2016년 조사대상의 57퍼센트가 미국은 "자국 일에나 신경 써야" 하고 다른 나라들도 자국의 문제는 스스로 해결하도록 내버려둬야 한다고 생각했다. 15년 전에는 이러한 생각을 하는 미국인이 30퍼센트에 불과했다. 미국인들이 트럼프를 당선시키면서, 41퍼센트는 미국이 "오지랖이 너무 넓다"고 했고 미국이 제 역할을 다하지 못하고 있다고 응답한 미국인은 겨우 27퍼센트였다.[11] 이러한 정서는 트럼프가 등장하면서 생긴 게 아니다. 오바마가 등장하면서 생긴 것도 아니다. 2000년 조지 W. 부시와 앨 고어가 맞붙은 대통령 선거에서 미국의 국익을 보다 협소하게 정의하고 해외 개입을 줄이겠다는 공약을 내건 후보가 예비선거의 후보들을 제치고, 본선에서도 보다 적극적인 외교정책을 내세운 후보를 물리친 이후로 네 번째 치러진 선거가 2016년 대선이었다. 해외 개입의 축소에 대한 미국 국민의 요구는 지난 30년 동안 점점 강력해져왔다. 그러한 요구는 이라크전쟁과 아프가니스탄전쟁보다도 먼저 존재해왔고, 진주만 공격 이후로 미국 영토에서 벌어진 최악의 사건인 2001년 9월 11일 테러 공격과 급진 이슬람 테러리즘의 끊임없는 위협과 북한, 이란, 중국, 러시아로부터 위협이 점점 강해진다고 인식하는데도 불구하고 이러한 정서는 지속되었다. 오늘날 미국인은 자국이 무엇 때문에 세상만사에 그토록 깊이 관여하고 중동과 같은 구제불능의 지역에 인명과 돈을 쏟아부어야 하며, 무엇 때문에 독일, 일본, 남한 같은 부유한 동맹국들이 자국을 지키기 위해서 국방의 부담을 더 짊어지지 않으며, 미국은 무엇 때문에 자국의 경제와 안보 이익과 직결되지도 않은 문제들 때문에 전쟁을 감수해야 하는지 모르겠다고 생각한다.

이는 합리적인 의문이고 이러한 의문을 품은 이들을 "고립주의자"라고 일컫는 것은 잘못이다. 미국이 세계와 연결된 다리를 끊고 바깥세상과 단절해야 한다고 주장하는 사람은 거의 없다. 오늘날 미국의 외교정책에 대해 비판적이거나 회의적인 이들은 대부분 미국이 "정상"국가처럼 행동하기를 바랄 뿐이다. 역사상 그 어떤 나라도 제2차 세계대전 이후의 미국보다 인류가 처한 여건에 대해 기꺼이 책임을 받아들이거나 세상사에 깊이 관여하지 않았다. 역사상 미국 말고 그 어떤 것에 대해서 일말의 책임이라도 느낀 나라는 극히 드물다. 대부분의 나라들은 주저하지 않고 자국의 협소한 국익을 "우선시"한다. 미국은 이런 면에서 매우 비정상적이었다. 비정상적인 자유주의 질서를 보존하기 위해서 도덕적, 물질적으로 대단한 책임을 기꺼이 감수했다는 점에서 말이다. 미국이 앞으로도 계속 그런 책임을 져야 할지에 대해, 그렇게 함으로써 여전히 실보다 득이 많을지 여부에 대해 의문을 제기한다고 해서 "고립주의자"는 아니다. 너무나도 당연한 의문이다.

그렇다면 이 의문에 어떻게 답해야 할까? 지금까지 해온 역할을 계속하지 않음으로써 치러야 할 비용과 위험이 훨씬 크다고 지적할 수 있지만, 증명하기는 어렵다. 요즘 미국은 이 자유주의 질서를 유지하는 데 드는 비용에 골몰하고 있다. 날마다 지불하는 비용은 눈에 보인다. 하지만 이 질서를 유지하지 않으면 치러야 하는 비용은 결코 확실히 알 길이 없다. 행동에 따르는 위험과 비용은 가시적이지만, 행동하지 않는 데 따르는 비용과 위험은 예측하기 훨씬 힘들고 증명하기는 불가능하다. 어쩌면 과거에서 지침을 찾는 게 최선의 방법인지도 모른다.

01

1930년대로의
회귀

RETURN
TO
THE 1930S

미 국인들이 이런 종류의 의문들을 품은 게 이번이 처음이 아니다. 냉전시대의 미국의 외교정책을 기준 삼아 오늘날 세계를 향한 미국의 태도를 평가하는 경향이 있는데, 이를 비교 기준으로 삼는 행태는 잘못이다. 냉전시대는 미국 역사에서 이례적인 시기였다. 대부분의 미국인들이 여러 가지 이유로 세계에 두루두루 깊숙이 관여해야 미국의 국익을 보호할 수 있다는 주장을 받아들였던 시기다. 냉전시대 이전에 미국은 그런 시각을 지녔던 적이 없으며, 오늘날에도 그런 시각을 지니고 있지 않다.

오늘날 미국이 제기하는 의문들은 제1차 세계대전 종전 후 20년 동안 미국이 제기한 의문과 훨씬 비슷하다. 1920년대와 30년대는 오늘날과 마찬가지로 대부분의 미국인들이 자국의 안보와 생활방식에 대한 실존적인 위협에 직면하고 있다고 여기지 않은 시대였다. 위협은 가시적이지만 불확실했고, 막 치른 전쟁 때문에 미국인들이 지치고 환멸을 느꼈던 시기였다. 미국은 가장 부유했고 한동안은 가장 막강한 나라였지만 세계 유일한 강대국도 아니었다. 다른 강대국들, 특히 영국이 20세기 동안 세계질서의 구색이라도 갖추고 유지하기 위해 책임을 졌었다. 따라서 1920년 대통령 선거에서 워런 하딩이 주장한 바와 같이, 미국은 "미국을 우선" 돌보고 세계의 문제를 해결할 책임은 다른 강대국들이 계속 맡게 내버려두는 게 그럴듯해 보였다. 그리고 그는 오늘날 대부분의 미국인들과 마찬가지로 "정상으로의 회귀"를 촉구했다.

그들의 사연을 돌이켜볼 필요가 있다. 제2차 세계대전 종전 이후로 미국이 뒷받침해온 세계질서를 구축한 주인공은 바로 그들이기 때문이다.

양대 세계대전 사이의 시기를 겪은 세대들이 처음부터 그러한 질서를 뒷받침할 책임을 지려고 하지는 않았다. 아니, 가능하다면 그런 책임을 회피하려고 했다. 그 결과 그들은 오늘날 우리 눈앞에 놓인 위험들을 못 본 척하는 "고립주의자"라는 평판을 얻었다. 그러나 이러한 견해는 부당하고 독선적이다. 당시 미국인들은 지금의 미국인들과 그리 다르지 않았다. 우리는 그들의 경험에서 배울 게 많다.

그들도 새로운 세기에 접어들면서 인류의 미래에 대해 낙관적인 생각을 품었다. 제1차 세계대전이 발발하기 전, 수십 년 동안 평화를 누려온, 대서양을 사이에 둔 아메리카와 유럽 대륙은 새로운 세기가 동트면서 전례 없는 풍요를 누렸고 세계 경제가 성장하고 통신과 운송수단의 혁명으로 국가와 국민들이 훨씬 가까워졌으며, 한동안 민주정체가 혁명적으로 확장되었다. 세계에서 민주정체를 채택한 국가는 5개국에서 10개국으로 늘었고, 윌리엄 제닝스 브라이언 말마따나, 대부분이 "국민이 선출한 정부라는 개념"이 "너무나도 보편적"이라고 믿었기 때문에 "최종적 승리"에 대한 의구심은 더 이상 존재하지 않았다.[12] 그들도 오늘날 우리와 마찬가지로 인류의 진보라는 시각을 공유했다. 역사는 무지와 야만에서 벗어나 서로에 대한 이해와 문명을 향해 상승하는 궤적을 그리고, 그 종착점은 자유주의와 평화라고 믿었다. 20세기로 전환하면서 시어도어 루스벨트조차도 "문명" 국가들 간의 전쟁은 이제 과거지사일 가능성이 높다고 믿었다. 그를 비롯한 대다수는 다만 세계에서 뒤처진 지역의 국민들, 아시아, 아프리카, 중동의 "야만인들"을 다잡고 상거래와 선진국들이 현명하게 그들을 인도해 문명화된 실존 방법을 가르치지 않는다면 그들이 세계를 파멸로 이끌지 모른다고 생각했다. 영국의 작가이자 정치인인 노먼 앤젤은 1909년, 세계의 문명화된 강대국들이 다른 나라를 무력으로 정복함으로써 이득을 보는 "발전 단계에서 벗어났다"고 지적했다.[13] 국가들이 자국의 이익을 합리적으로 계산하면 전쟁은 일어나지 않는다고 생각했다. 점점 풍요로워지고 민주정체가 확산되고 서로 다른 국민들이 점점 얽히고 설키는 세계에서 강대국 간의 전쟁은 무용지물이 되었다.

그런데 알고 보니 그들도 미래를 예측하는 재능에 있어서 우리보다 나을 게 없었다(그렇다고 우리보다 못하지도 않았다). 그들은 앤젤이 위의 발언을 하고 겨우 5년 후에 서구 문명에 대한 치명적인 위협이 등장하리라고는 꿈에도 생각지 못했다. 그것도 중동, 아프리카, 아시아 같은 지역이 아니라 서구 문명의 심장부에서, 괴테와 모차르트와 루소와 볼테르를 배출한 나라들 사이에서 처참할 정도로 파괴적인 전쟁이 비롯되리라고는 예상하지 못했다. 그들은 현대 세계경제 체제하에서 상호 의존적인 세계의 주도적인 상업 국가들이 영토와 군사적 지배와 같은 원시적인 목표를 달성하기 위해서, 자국의 이익에 대한 합리적인 계산이 아니라 공포, 자존심, 야심 때문에, 민족주의와 부족주의에 매몰된 국민의 열렬한 지지를 받으면서 전쟁을 일으키리라고는 상상하지 못했다. 그들은 자유주의에 대한 저항이 우익으로부터는 막강한 국가와 독일 문화를 옹호하는 독일 지배 계층의 형태로, 좌익으로부터는 사유재산과 개인의 권리 존중이라는 자유주의 원칙을 거부하는 볼셰비즘의 형태로 등장하리라고 예측하지 못했다. 그러더니 현대 세계에 대해 그들이 지닌 관념들이 모조리 동시에 붕괴되었다.

1914년 유럽에서 전쟁이 발발하자, 처음에 미국인은 강 건너 불구경하듯 했다. 두려우면서도 눈을 떼기 어렵지만, 머나먼 곳이기에 대부분은 자기들이 상관할 일이 아니라고 생각했다. 미국의 경제는 국제무역에 거의 의존하지 않음에도 불구하고, 미국은 유럽의 경제와 얽히고설켜 있다는 놀라운 사실을 곧 깨달았다. 미국은 전쟁을 통해 부유해졌지만 부지불식간에 이 투쟁의 승패를 결정하는 중요한 요인이 되었고, 결국은 양 진영의 참전국들에 의해 전쟁에 끌려들어갔다. 그러나 미국이 전쟁에 끌려들어간 이유는 무역과 중립적인 권리를 보호하기 위해서 뿐만 아니라 당시 월터 리프먼이 말한 "대서양 공동체"를 방어하기 위해서이기도 했다. 대서양 공동체는 미국과 경제적 이익뿐만 아니라 공동의 정치적, 도덕적 세계관을 공유하는 대서양 양안에 위치한 자유 민주정체 국가들의 연합체를 뜻했다.[14]

제1차 세계대전이 지닌 중요한 이념적 측면들을 역사학자와 정치학자들은 수 세대 동안 무시하거나 일축해왔다. 우리는 "민주정체가 안전하게 유지되는 세계를 만들자"는 우드로 윌슨의 호소를 비웃도록 배워왔다. 그러나 독일 역사학자 볼프강 J. 몸젠이 지적했듯이, 제1차 세계대전은 "유럽 국가들 간의 권력투쟁"일 뿐만 아니라 "서로 다른 정치체제들 간의 투쟁"이기도 했다.[15] 독일은 제1차 세계대전을 서구 민주정체 국가들이 지닌 "문명"의 개념과 독일만이 지닌 독특한 문화 간의 갈등으로 보았다. 독일은 "자유주의와 개인주의"를 거부하고 독일 색채가 분명한 "의무, 질서, 정의", 막강한 국가에 대한 복종을 요구하는 가치를 선택했다.[16] 그들은 국가의 집단적 이익에 자발적으로 복종하는 개인을 찬양하고 자유주의에 내재된 이기심과 개인의 원자화를 "개인주의의 전능한 폭정"이라고 비판했다.[17] 영국, 프랑스, 네덜란드, 벨기에 국민들과 미국의 대다수 국민에게 전쟁은 단순히 영토분쟁이 아니라 생활방식이 걸린 투쟁이었다. 리프먼은 독일의 공격을 "우리가 속한 문명에 대한" 공격이자 "미국이 속한 세계체제"에 대한 공격으로 간주했다.[18] 윌슨이 "민주정체가 안전하게 유지되는" 세계를 만들자고 한 발언도 바로 그런 뜻이었다. 민주정체가 전 세계에 확산되는 이상향을 추구하자는 호소가 아니라 위기에 처한 "대서양 공동체"의 취약한 민주적 질서를 방어하자는 뜻이었다.

대부분의 미국인들은 이 전쟁을 단순히 무역 권리의 방어가 아니라 자유주의 문명을 수호하기 위해 "군국주의"에 대항하는 투쟁으로 보았다. 그리고 그러한 숭고한 목표를 위해 뛰어든 전쟁이니만큼 전쟁이 끝난 후에 어느 정도 실망감과 환멸을 느끼는 건 불가피했다. 전쟁에서 이긴 연합국들은 승전국이 으레 그래왔듯이 영토를 분할하고 식민지를 확보하고 패전국들을 처벌했다. 대부분의 미국인들이 참전한 명분인 "자유주의적 평화"는 온데간데없었다. 따라서 대서양 양안의 자유주의자들은 전쟁에 반대하는 입장으로 돌아섰을 뿐만 아니라 보다 나은 세상의 가능성에 대해 비관하게 되었다. 진보라는 개념에 대해 의구심을 품게 되었다. 수백만 명이 목숨을 잃었다. 도대체 무엇 때문에? "엉망진창이 된 문명", 에즈라 파운드(Ezra Pound) 말마따나 "이빨 빠진 늙은 암캐"를 위해서?[19]

대부분의 미국인들이 참전을 열렬히 지지했지만, 전쟁이 끝난 후에는 대다수가 참전은 끔찍한 실수였고 수십 만 명의 미군이 헛되이 목숨을 잃었다고 생각했다. 탓할 대상을 찾던 이들은 대중이 속았다고 주장했다.

동부 지역에서 발행되는 친영국 성향의 신문과 지식인들에게 말이다. 금융가와 무기 제조업체들에게, 미국 정부 내에 암약하는 영국 첩자들에게, 그리고 독일이 일차적으로 전쟁에 책임이 있고 독일이 승리했다면 미국의 필수적인 이익이 위험에 처했을지 모른다는 수많은 새빨간 거짓말에 속아 넘어갔다고 주장했다. 당시 널리 받아들여지던 공통된 견해를 일목요연하게 요약하자면 "윌슨이 거짓말을 하는 바람에 사람들이 목숨을 잃었다."이다. 제2차 세계대전이 발발하기 전 20년 동안 내내, 미국 외교정책에 대한 논쟁에는 늘 미국의 제1차 세계대전 참전을 둘러싼 갑론을박이 그림자를 드리웠다. 마치 오늘날 이라크전쟁을 둘러싸고 격렬한 논쟁이 벌어지듯이 말이다. 미국은 전쟁이 끝난 후 빗장을 닫아걸지는 않았지만 세상이 안고 있는 문제들에 대해 그 어떤 책임도 지지 않았다. "전쟁을 불법화한" 켈로그-브리앙 조약과 같은 국제 협약조차도 미국이 세계 그 어떤 지역에도 관여하지 않기 위해 의도적으로 설계되었다. 두 개의 거대한 망망대해를 사이에 두고 다른 나라들과 멀리 떨어진, 광활하고 자원이 풍부한 대륙에 사는 미국인들은 점점 폭력적이고 갈등이 고조되는 세상으로부터 손을 뗄 선택지가 자신들에게 있다고 믿었다.

　그 뒷이야기는 우리가 익히 아는 바다. 1933년부터 1936년까지의 기간 동안 독일에서는 히틀러가 정권을 잡고, 일본은 중국을 침략하고, 무솔리니가 통치하는 이탈리아는 에티오피아를 침공하고, 독일은 재무장하고, 파시스트 국가들은 스페인 내전에 개입했다. 그러더니 1938년 민주정체를 토대로 한 국가들은 독일과 뮌헨 평화협정을 맺으면서 후퇴했고, 1939년 독일은 폴란드를 침공했다. 1940년 프랑스가 함락되었고 영국군은 유럽 대륙에서 밀려나면서 덩케르크에서 배를 타고 퇴각했고, 히틀러는 영국 제도(British Isles)에 대한 공격을 감행했다.

미국은 거의 아무도 예견치 못한 사건들에 대응하는 차원에서 경로를 수정하지는 않았다. 처음에는 결국 상황이 안정되고, 공격을 감행한 국가들은 곧 어리석은 짓임을 깨닫게 되고 반격을 받게 되며, 독재자들은 축출되리라는 희망에 매달렸다. 1936년까지만 해도 국무장관을 지냈고 훗날 전쟁부 장관을 맡게 되는 헨리 스팀슨과 같은 강경파 국제주의자들조차 독일과 일본이 "자유주의를 도입할 가능성이 없는 구제불능"이라는 사실을 믿지 않으려 했다. 경제적 현실이 히틀러의 야망을 제어하리라고 믿었다. 그리고 그마저 실패하면 영국과 프랑스가 결국 팔을 걷어붙이고 나서게 되리라고 생각했다. 미국은 이 두 강대국이 베르사유 조약에 따른 강제적 무장해제에서 회복 중인 독일에 패배할지 모른다는 생각을 하지 못했다. 제2차 세계대전이 끝난 후, 당시를 회고하면서 스팀슨은 여전히 유럽 민주국가들의 "더할 나위 없는 나약함과 비겁함"에 경악했다고 털어놓았다. 그러면서도 아직 기회가 있을 때 미국과 본인이 어떤 조치든 취하지 않는 패착을 두었다는 사실을 언급하지 않았다.[20]

사태가 너무나도 빠르게 전개되었다. 스팀슨이 여전히 "조심스러운 낙관론"을 표명한 지 겨우 4년 만에 히틀러는 유럽 대륙을 점령했고 유럽의 민주정체는 백척간두에 섰다.[21] 이렇게 충격적인 사건이라는 반전이 일어났지만 여전히 미국은 관여하기를 꺼렸다. 오히려 위기가 폭발하자 미국은 발을 들여놓지 않으려는 결의를 한층 더 다졌다. 개입으로 치러야 하는 비용은 못마땅한 수준에서 감당하지 못할 수준으로 증가했다. 전문가들은 1940년 늦은 봄 무렵이면 대서양 연안에서 흑해와 발트해 지역에 이르기까지 몽땅 독일이 장악하게 되고, 그런 독일을 패배시키려면 수백만 명의 군인과 전례 없이 많은 물자를 동원해야 하고 수많은 인명을 손실하게 된다고 (정확히) 예측했다. 점점 막강해지고 있던 일본 제국을 상대하기도 그 못지않게 위험하고 많은 비용을 치러야 한다고 예측했다.

그런데 설사 미국이 개입한다고 해도 세계가 안고 있는 문제들을 해결하게 될까? 미국이 당시에 유럽을 보는 시각은 오늘날 아랍 세계를 보는 시각과 비슷했다. 시대를 초월해 끊임없이 민족, 국가, 종파들 간의 반목에 휘말리는 구제불능의 땅 말이다. 상원의원 로버트 A. 태프트 같은 사람들처럼 미국이 그런 세계에 평화와 민주정체를 정착시킬 지혜나 힘을 지녔다고 생각한다면 더할 나위 없는 오만이다. 유럽은 "자구책"을 마련해야 한다. 미국은 사방으로 세계를 휘젓고 다니면서 "파시즘이라는 풍차를 향해 돌진하는 돈키호테처럼 민주정체와 선의라는 이상을 보호하려는 기사(騎士)" 노릇을 할 수는 없었다.[22] 이러한 정서는 고립주의라는 비난을 받지만, 한스 모겐소가 지적한 바와 같이, 태프트 등 일부 인사들은 본인들을 현실주의자라고 간주한다. 그들은 세계를 있는 그대로 상대하고 이상주의적인 미국인들이 바라는 모습으로 변모시키려고 하지 않는다.[23] 미국제일위원회(America First Committee) 창립자들—훗날 예일대학교 총장이 된 킹먼 브루스터, 작가 고어 바이덜, 훗날 대통령이 된 존 F. 케네디와 제럴드 포드—은 1917년 그들의 아버지 세대를 전쟁으로 이끈 이상주의를 받아들이지 않았다. 이 운동에 가담한 한 역사학자가 지적한 바와 같이, 그들은 자신들이 "보다 영리하고 보다 현실적"이라고 여겼다.[24]

국제주의자들은 유럽과 아시아에서 일어나는 일은 결국 미국에도 상륙하게 된다고 주장했다. 프랭클린 루스벨트는 세계가 "국제적인 무정부와 정세 불안"에 빠져들고 있으며, "단순히 고립주의나 중립을 통해서 이 상태에서 벗어날 수는 없다."라고 경고했다. 1940년 6월 영국이 덩케르크로부터 소개(疏開)하고 일주일 후, 그는 나치 독일이 유럽을 지배하고 일본 제국이 아시아를 지배하는 세계는 "자유를 박탈당하고 절망적 삶을 사는 이들이 가득한 악몽—결박을 당한 채, 굶주리고, 수감된 교도소 창살 사이로 경멸이 가득한 무자비한 다른 대륙의 주인들이 날마다 떠먹여주는 음식을 받아먹는 악몽—같은 세상"이 되리라고 경고했다. 그런 세상에서 미국의 민주정체는 살아남기 어렵다.[25] 그러나 개입에 반대하는 이들은 누가 유럽을 장악하든 상관없다고 반박했다. 미국은 영국과 교역하듯이 독일과도 교역할 수 있다고 했다.[26]

그리고 그들은 다음과 같은 질문을 던졌다. 만약 미국이 정말로 참전해서 대서양 건너 파병하고 요새화된 대륙에 미군을 상륙시켜 전투로 단련된 히틀러의 군대를 상대로 싸워 우여곡절 끝에 이긴다고 쳐도, 얼마나 많은 비용을 치러야 할지 상상이 가는가? 그리고 이기고 나면? 미군은 민주정체를 수호하고 힘의 균형을 유지하기 위해서 유럽에 영구 주둔해야 하지 않을까? 미국 해군은 "해양 전역에서 세계의 '항행의 자유'를 구축"해야 하지 않을까?[27] 전쟁이 끝난 후 세계를 순찰하려면 "명실상부한 제국주의"와 "세계 지배"는 말할 필요도 없고, 미국인의 "인명과 재산"을 끊임없이 소모해야 하지 않을까?[28] 이러한 반대—전후 미국이 행한 역할을 예측한 데 있어서 크게 빗나가지 않은 것으로 드러났다—에 부딪힌 루스벨트는 미국인들을 완전히 설득하는 데 성공하지는 못했다. 그는 가까스로 미국인들을 이끌고 1940년 영국에 대한 지원을 점점 더 강화했다. 그러나 진주만 공격 전에, 히틀러가 유럽을 정복하고 일본이 아시아와 태평양을 정복하는 와중에도 미국 역사상 가장 재능이 있는 정치인은 이러한 상황이 참전할 충분한 이유가 된다고 미국인들을 설득하지 못했다.

이러한 역사가 왜 우리에게 중요할까? 오늘날 우리는 1930년대에 부상했던 종류의 위협에 직면하고 있지 않다는 게 상식처럼 통용된다. 우리는 스탈린과 히틀러는 같은 족속이고 그런 자들은 우리가 사는 세상에서는 절대로 등장하지 않으며, 설사 등장한다고 해도 우리는 1930년대의 어리석은 "고립주의자들"과는 달리 적절히 대응을 하게 되리라고 다짐하며 스스로를 위로한다. 그러나 그 시대의 미국인들도 그런 판단에 매몰돼 안심했다. 1920년대나 심지어 1930년대에조차 강제수용소의 숙청과 참상들이 거의 알려지지 않았고 스탈린을 괴물로 여긴 이는 거의 없었다. 1920년대와 1930년대에 유럽의 파시즘을 특히 위험하다거나 사악하다고 여긴 미국인도 거의 없었다. 무솔리니는 이탈리아 국민에게 필요한 막강한 지도자로서 인기를 누리기도 했다. 오늘날 일부 미국의 보수주의자들이 "강한 지도자"라는 이유로 블라디미르 푸틴을 흠모하듯 말이다. 히틀러를 위험한 극단주의자라고 여긴 미국인들도 있고, 미국인들이 보다 심각한 위협으로 간주한 공산주의에 맞서는 보루로 여기는 미국인들도 있었다. 뒤늦게 가서야 대부분의 미국인들은 히틀러를 위협으로 간주하게 되었고, 그렇게 된 후에도 그를 미국과 민주정체를 토대로 한 생활방식에 대한 실존적인 위협으로 간주한 이는 거의 없었다.

당시 자신들이 처한 위험을 제대로 파악하지 못한 미국인들은 오늘날의 미국인들과 크게 다르지 않았다. 당시 그들은 현대 민주정체와 자본주의를 토대로 한 사회에서 살고 있었고, 현대 과학과 인간의 행동에 대한 현대적인 방식의 이해를 통해 세상을 바라보고 있었다. 그들은 유럽과 아시아의 상황에 대해 날마다 보도하는 언론을 통해 세계에서 어떤 일들이 일어나고 있는지 알고 있었다. 그들이 선택한 정책은 무지나 무책임에서 비롯되지 않았다. 그들은 우리와 마찬가지로 어느 정도 미래를 내다볼 줄 알았다. 그들도 우리와 마찬가지로 정상적인 희망과 두려움을 토대로 결정을 내렸다. 그들이 보기에 행동에 따르는 위험과 비용은 명백하고 즉각적이었지만, 행동하지 않음으로써 감수해야 하는 위험과 비용은 모호하고 사전에 깨닫거나 증명하기 불가능했다. 지금과 마찬가지로 그때도 미국인들은 우려스러운 지정학적 추세보다는 그들이 보기에 패착이고 비용이 많이 들고 궁극적으로 아무런 소득도 없을 외국의 전쟁에 빨려들어 갈까봐 더 걱정스러웠다. 당시의 미국인들과 지금의 미국인 사이에 유일하게 중요한 차이가 있다면, 오늘날의 미국인들은 그 다음에 어떤 일이 일어났는지 안다는 점이다. 그러나 만약 오늘날의 미국인들이 당시의 미국인들과 같은 처지이고 오직 당시의 미국인들이 알고 있던 사실만 알고 있다면, 우리도 그들이 택한 바로 그 길을 택했을 가능성이 높다. 결과적으로 참혹한 선택이었지만 말이다.

02

새로운
세계질서의
탄생

THE BIRTH
OF
THE NEW WORLD ORDER

세 계질서는 사라지고 나서야 비로소 사람들이 생각하는 그런 대상
이다. 1930년대와 제2차 세계대전을 통해 미국인들이 깨달은 바
다. 당시 미국인들은, 이제 우리는 잊었지만, 뭔가가 잘못되기 시작하면
아주 급속도로 악화될 수 있고, 세계질서가 무너지기 시작하면 인류가 지
닌 최악의 성정들이 표면화되어 광란이 휘몰아친다는 사실을 깨달았다.

1941년 이전에 미국인들은 세계질서로부터 그들이 어마어마하게 혜택
을 받았다는 사실은 고사하고 세계질서가 존재하는지도 깨닫지 못했다.
미국이 성장하고 번영한 19세기의 세계를 지탱한 국제체제에서의 힘의
역학 구조를 미국인들은 어렴풋이나마 겨우 인식하고 있었다. 나폴레옹
전쟁에 뒤이은 19세기 대부분의 기간 동안, 유럽의 강대국들 사이에는 힘
의 균형이 존재했다. 불안정한 힘의 균형은 전쟁이나 시련을 막지는 못했
지만—일부 역사학자들이 찬양하는 "기나긴 평화"는 아니었다. 18세기
말과 19세기 초에, 그리고 20세기의 양대 세계대전에서 다시 한 번 미국
의 국익과 안보를 위협하는 강대국들 간의 패권경쟁처럼 세계를 뒤흔들
만한 갈등을 막거나 적어도 지연시키기는 했다.

구질서를 지탱한 또 다른 핵심 요소는 영국의 세계 바닷길 지배였다.
자유롭고 상인 정신이 강한 영국인들은 해상 패권을 이용해 자국의 세계
제국을 보호했다. 그러나 자국의 무역로와 통신 경로를 열어놓기 위해서
영국은 모두에게 비교적 개방된 국제경제 질서를 구축하고 유지했다. 영
국은 영국을 비롯한 여러 나라의 은행가들이 미국을 비롯한 개발도상국
가들에게 금융 지원을 하고 통신, 운송, 생산에서 일어나는 혁신의 혜택
이 확산될 안전한 환경을 조성했다. 대서양 양안의 주도적인 상업 국가들

은 서유럽과 북미 지역의 국민들에게 전례 없는 수준의 풍요를 안겨준 호혜적인 탄탄한 관계망에 엮이게 되었고, 20세기가 동틀 무렵 수많은 이들이 찬사를 퍼부은 "대서양 공동체"에서 자유의 진보를 가능케 했다. 영국을 비롯한 식민제국의 지배를 받던 이들에게 이러한 질서는 그다지 "자유로울" 게 없었고, 그들은 거의 혜택을 누리지 못했다. 그러나 영국이 구축한 세계질서는 미국인들이 거의 아무런 비용도 치르지 않고 풍요를 누리게 해주었다.

그러나 영국이 주도하는 이러한 세계질서는 당대의 독특한 여러 가지 여건들이 복합적으로 작용해 만들어냈다. 영국이 해양을 거의 독점한 이유는 18세기 말과 19세기 초에 프랑스와 스페인이 패배했고 유럽의 강대국들 간의 힘의 균형이 불안정했으며, 그 덕분에 영국이 유럽 대륙을 상대로 상당한 영향력을 휘둘렀기 때문이다. 동아시아에서는 구 패권국가인 중국은 기진맥진한 상태이고 일본은 아직 약하고 쇄국정책으로 고립을 자초하고 있었다. 역사학자 폴 케네디가 지적했듯이, 나폴레옹 전쟁이 끝난 후부터 19세기 말까지 대영제국은 "권력의 정치적 공백 상태에 놓여 있었다."[29] 이러한 세계에서 급속히 산업화하고 있던 영국은 경제적으로도 해상력으로도 압도적인 우위를 누릴 수 있었고, 미국은 경쟁력을 키워 결국 영국의 패권을 추월하게 되었다.[30]

이러한 이례적인 상황이 영원히 지속되기란 불가능했다. 20세기에 접어들면서 프랑스와 러시아 같은 과거의 경쟁 상대들이 귀환하고 새롭게 일본과 미국 같은 강대국들이 부상하고 독일이 통일되면서 영국의 우월적 지위는 사방에서 공격을 받았다. 독일의 부상으로 유럽 대륙의 힘의 균형이 깨졌고, 일본이 부상하면서 동아시아와 태평양에서 해상력의 우위를 점하고 있던 영국을 위협했다. 19세기 말 무렵 유럽의 평화를 구축한 토대는 사라졌고, 유럽 중심의 세계와 영국이 주도하는 자유주의 질서도 사라졌다. 세계는 급격하게 힘의 재조정이 이루어졌고, 제1차 세계대전은 바로 이러한 힘의 재조정의 원인이 아니라 결과였다.

세계적인 힘의 재조정으로 미국은 국제체제에서 완전히 새로운 지위를 얻게 되었다. 미국이 큰 혜택을 누리게 해준 질서는 더 이상 영국 혼자 힘으로는 지탱하기 어려워졌다. 미국의 국익은 변하지 않았지만 그 이익을 지키고 비교적 안전한 여건에서 계속 풍요로워지려면, 세계에서 미국은 훨씬 더 적극적인 역할을 담당하고 영국이 더 이상 행사하지 못하는 힘을 대신 행사해야 했다. 적어도 20세기 초에 시어도어 루스벨트, 우드로 윌슨, 그리고 당대의 국제주의자들 같은 이들은 그렇게 믿었고, 제1차 세계대전이 이를 증명해주는 듯하다. 1914년 가을, 루스벨트를 비롯한 여러 사람들은 전쟁이 끝난 후 미국은 "세계 평화를 보장하는 여러 나라들 가운데 하나"가 되어야 한다는 주장을 하기 시작했다. "우리 나름의 방어"만을 추구하는 것만으로는 충분치 않다고 루스벨트는 주장했다. 미국인들은 "독일이든, 영국이든, 벨기에든, 헝가리든, 러시아나 일본이든" 관계 없이 다른 나라를 방어하기 위해 행동할 태세도 갖추어야 한다고 주장했다. 그는 이러한 역할을 하는 미국을 무질서한 세계에서 행동 규율을 강제하는 "국제 자경단", 강대국들로 구성된 새로운 컨소시엄의 일원으로 간주했다. 그는 이를 "정의로운 평화를 위한 위대한 세계연맹"이라고 일컬었다.[31] 이와 거의 같은 시기에 월터 리프먼은 영국이 더 이상 혼자서 감당하지 못하는 역할을 미국이 담당해야 한다는 결론을 내렸다. "대서양 고속도로"의 안전을 유지하고 "대서양 공동체"의 "공동의 이익"과 "대서양 국가들의 고결함"을 방어하는 역할 말이다. 리프먼은 미국이 "하나의 거대한 공동체"의 일원이라고 주장하면서, 미국은 이제 "서구 진영을 방어할" 태세를 갖추어야 한다고 했다.[32] 이게 바로 윌슨이 제시한 새로운 국제기구, 국제연맹(League of Nations)이 추구하는 일차적인 목적이었고, 이 기구를 통해 미국은 평화롭고 자유로운 세계질서를 위해 힘을 행사할 수 있었다.

윌슨도, 대부분의 다른 국제주의자들도 미국이 그런 역할을 하는 게 마뜩지 않았다. 그들은 단지 20세기의 새로운 지정학적 구도 때문에 선택의 여지가 없다고 믿었을 뿐이다. 영국이 지탱해왔던 기존의 자유주의 질서는 사라졌다. 따라서 세계는 무질서로 빠져들든가, 미국의 국익과 원칙에 적대적인 나라들의 지배를 받든가 둘 중 하나였다. 유일한 대안은 미국이 직접 새로운 자유주의 질서를 구축하고 방어하는 핵심적인 역할을 하는 길뿐이었다. 설사 그리함으로써 국제사회에서 새로운 책임을 무기한 짊어지게 되는 한이 있어도 말이다.

1919년에 대부분의 미국인들은 그러한 역할을 달가워하지 않았고, 상원은 미국이 국제연맹이나 베르사유 조약에 참여하는 두 가지 상황을 모두 거부했다. 그러나 진주만 공격을 받은 후 대부분의 미국인들이 세계를 보는 관점이 달라졌다. 제2차 세계대전은 미국이 물리적 공격으로부터 안전한지 여부에 대한 논쟁을 종식시켰지만, 대부분의 미국인들로 하여금 윌슨과 루스벨트 두 대통령들의 주장이 옳았다고 확신하게 만들었다. 미국인과 미국인의 삶의 방식은 적대적인 독재국가들이 유럽과 아시아를 지배하는 세계에서는 안전하지 않다는 사실을 깨달았다.[33]

이제 대부분의 미국인들은 세계에서 힘의 역학관계가 변하고 새로운 전쟁과 통신 기술들, 경제로 인해 미국은 새로운 전략이 필요하다는 데 의견을 모았다. 딘 애치슨 말마따나, "실탄을 장전한 장총을 휴대하고 현관 앞에 앉아서 기다리는" 것만으로는 더 이상 충분치 않았다. 미국은 점점 서로 얽히고설키는 세계의 "한복판에서" 살고 있었고, 좋든 싫든 이러저러한 갈등으로 끌려들어가게 되어 있었다.[34] 따라서 미국의 국익과 삶의 방식을 보존하기 위해서 미국은 안보의 최전선을 미국의 국경에서 멀리 떨어진, 세계에서 위협이 부상할 가능성이 높은 지역으로까지 확장해야 했다. 미국의 전략은 수동적이기보다는 예방적인 성향을 띠게 되었고, 국제 환경에 단순히 대응하는 데 그치지 않고 바람직한 환경을 조성하는 데 초점을 두었다.

일찍이 1943년부터 군 기획자들은 전후 태평양과 대서양에 기지망을 구축하기 위한 제안서를 작성했고, 이를 통해 잠재적인 공격자를 발원지에서 공격하고 패배시킬 계획을 세웠다.[35] 같은 해에 루스벨트가 말했듯이, 미국이 "세계의 포식자들의 송곳니를 뽑지" 않으면, 그 포식자들은 "번식하고 힘이 점점 강해져서" "짧은 기간 안에 다시 한 번 우리의 숨통을 겨냥하게 된다."[36]

그 결과 새로운 군사 전략이 수립되었을 뿐만 아니라, 두 번의 세계대전을 초래했고 미국의 민주적 자본주의체제를 위협했던 국제적 조건으로의 회귀를 막기 위한 새로운 세계질서가 구축되었다. 세계에 대한 미국의 새로운 접근 방식은 자국의 물리적 안보나 국내 경제, 또는 원자재와 해외 시장에 대한 접근을 수호하는 것만으로 충분치 않다는 믿음을 토대로 했다. 애치슨이 주장한 바와 같이 "인간의 삶에 대한 미국적인 실험이 가능하려면 미국의 영토를 벗어나 세계에도 "자유로운 환경"이 조성되어야 한다.[37] 이는 단순히 지리적 공간만을 뜻하는 게 아니라 정치적, 경제적, 이념적 공간을 뜻하기도 한다. 리프먼의 "대서양 공동체"는 대서양 양안의 민주정체를 토대로 한 정부들이 공동으로 전략적 목표를 추구하고, 공동으로 개방적 경제체제와 자유주의 정치질서를 수호하는 데 매진한다는 개념이다.

이 질서의 경제적 측면은 필수적이다. 애치슨을 비롯한 이들은 1920년대와 1930년대에 "세계경제가 경로를 이탈"하면서 세계적인 갈등의 주요 원인이 되었다고 생각했다. 독일과 일본은 서구 진영의 강대국들로부터 상업적, 금융적으로 독립된 경제지대를 구축하고 자국의 주변 국가들에 대한 자국의 패권을 강화하려고 애써왔다. 미국과 서구 민주정체 국가들은 1920년대에 점점 보호주의로 선회하면서 세계 갈등을 조장하는 데 나름 한몫을 했다. 그 결과 경제적 국수주의와 서로 경쟁하는 경제권이 구축되면서 지정학적 경쟁이 치열해지고 협력은 저조해졌으며, 삶의 수준이 저하되면서 국수주의적 포퓰리즘과 급진주의가 부상했다. 1945년 초, 애치슨은 이러한 추세가 전쟁 후에도 지속된다면 미국은 미국 나름의 자립적인 경제정책을 채택해야 할지 모르며, 그러려면 "미국의 헌법, 사유재산, 인간의 자유, 법에 대한 개념 자체를 완전히 바꿔야 한다."라고 했다. "세계가 서로 다투는 경제권들로 쪼개지는 사태"를 방지하고 "미국이 행하는 실험"이 무산되지 않도록 하는 동시에 미국 상품을 판매할 세계 시장을 확보하기 위해서는 개방적인 세계 경제체제가 필요하다고 했다. 전쟁이 막바지에 다다르자, 애치슨은 "평화를 구축하려면 정치적, 군사적 평화뿐만 아니라 경제적 평화도 필요하다."라고 했다.[38]

"자유로운 환경"을 조성하고 유지하려면 당연히 민주정체도 지원해야 한다. 세계 전역은 아니더라도 핵심적인 지역에서는 말이다. "대서양 공동체"는 민주정체들로 구성되어야 했고, 그러려면 영국과 프랑스의 기존의 민주정체 정부들뿐만 아니라 민주정체의 전통이 약하거나 존재하지 않는 서유럽과 중부 유럽 국가들과 이탈리아에서도 민주정체가 뿌리내리도록 해야 했다. 또한 전쟁이 끝난 후 독일과 일본에도 민주정체 정부를 강요해야 했다. 미국은 건국 이래로 늘 독재체제 정부가 민주정체 정부보다 전쟁을 일으킬 가능성이 훨씬 높다고 생각해왔다. 딘 애치슨은 일본 제국주의 정권이 자국민들 사이에 "전쟁 의지"를 조장해왔고, 나치 독일도 마찬가지라는 데 이의를 제기하는 이는 거의 없었다.[39]

이 새로운 대전략의 윤곽을 그린 미국인들은 자신들이 미국의 국익을 추구한다고 믿었고 실제로도 그랬다. 그러나 그들의 접근 방식은 전통적인 국익 개념을 초월했다. 인류 역사를 통틀어 말이다. 그리고 대부분의 나라들은 국익을 자국의 물리적, 경제적 안보와 직결되는 이익이라는 매우 제한적인 의미로 규정했다. 강대국들은 자국의 영향권이나 지역경제 패권을 자국의 이익에 포함해 국익을 약소국의 경우보다 훨씬 폭넓게 정의했지만, 그렇게 정의한 목적은 대체로 동일했다. 미국의 새로운 전략은 전통적인 국익의 개념을 초월했다. 자유로운 국제질서를 구축하고 수호하는 일이 수반되었다. 미국의 국익뿐만 아니라 미국의 세계관을 공유하는 나라들의 이익을 수호하는 "국제적인 책임"을 받아들인다는 뜻이었다. 해리 트루먼 같은 이들은 1930년대에 세계질서가 붕괴된 까닭은 미국이 "세계 강대국으로서의 책임"을 받아들이지 않았기 때문이라고 생각했다.[40]

그 당시에 그리고 훗날 이를 비판한 이들은 국제적 책임을 수용한다는 개념은 미국의 국익에 정면으로 배치된다고 불만을 제기했다.[41] 확실히 국익에 대한 신박한 정의였다. 인류 역사상 자국의 국경으로부터 몇천 마일 떨어진 지역들에 대한 보호는 고사하고, 정치적, 경제적, 전략적 세계질서를 수호하는 게 자국의 책임이라고 간주했던 나라는 찾아보기 힘들다. 정상적인 국가는 "국제적 책임"을 지지 않았다. 그리고 이런 의미에서 미국의 역사 대부분의 기간 동안 미국은 정상적인 국가였다. 따라서 이러한 새로운 대전략으로 미국은 예외적인 나라가 되었다.

미국 국민이 예외적이라기보다 20세기에 미국이 예외적인 입지에 놓이게 되었기 때문이다. 지리적 위치, 부존자원, 부의 창출에 적합한 자유로운 자본주의적 경제체제가 복합적으로 작용해 미국은 세상만사에 영향을 미치는 독특하고 전례 없는 역량을 지니게 되었다. 미국은 동서는 바다와 접하고 남북은 미국보다 국력이 약한 나라와 국경을 마주하고 있는 사실상 섬나라이므로 자국의 안보에 직접적인 위협과 직면하지 않고 있다. 미국은 세계 강대국들로부터 수천 마일 떨어져 있고, 미국과는 달리 이러한 강대국들은 서로 인접해 있고 상대 국가에 대한 우려와 불안에 끊임없이 시달려왔다. 미국은 안보에 대해 걱정할 필요가 없기 때문에 이웃나라들로부터 착취당할 우려 없이 부유해졌고, 경제적으로 부유해지면서 마음만 먹으면 언제든 군사력을 증강시킬 역량도 갖추게 되었다. 이러한 독특한 여건에 놓인 미국은 세계가 안전할 때는 세상과 거리를 둘 여유가 있었지만, 더 이상 안전하지 않다 싶을 때는 전례 없는 방식으로 개입해 세계의 면모를 변화시켰다.

미국의 지리적 입지 덕분에 미국은 장기간에 걸쳐 수천 마일 떨어진 곳에 대규모 군사력을 전개할 독특한 역량을 지녔다. 다른 강대국들은 하나같이 자국의 군사력을 자국 가까이에 두어야 했다. 자국이 이웃나라들에 취약한 상태로 내버려둘 수 없기 때문이다. 이러한 차이 때문에 다른 강대국들이 역내에서 서로 경쟁하게 되면 미국에 지원을 요청했다. 1914년과 1939년에 프랑스와 영국이 그랬고, 1930년대와 1940년대에 일본과 갈등 관계에 있던 중국이 그랬으며, 오늘날 부상하는 중국에 맞서는 차원에서 일본, 한국, 그리고 그 밖의 아시아 국가들이 미국의 지원을 요청하고 있으며, 공세적인 러시아에 맞서기 위해 동부 유럽이 미국의 지원을 바라고 있다. 미국은 자국에 대한 침공을 야기하지 않고도 아시아와 유럽에서, 그리고 중동에서 동시에 전지전능한 해결사 역할을 할 수 있다. 역사상 그 어떤 나라도 이런 역할을 하지 못했다. 그럴 역량이 있는 나라가 없었기 때문이다. 미국은 20세기 전에도 마음만 먹으면 이런 역할을 할 수 있었다. 미국은 1919년에, 그리고 뒤이은 20년 동안 이러한 역할을 거부했다. 그러다가 진주만 공격으로 정신이 번쩍 들었고, 제2차 세계대전에 참전하면서 미국은 마침내 그 역할을 받아들였다.

1945년 이후에 미국이 한 선택은 불가피한 선택이 아니었다는 사실을 상기할 필요가 있다. 1919년에 미국은 전혀 다른 선택을 했을 뿐만 아니라 비슷한 여건에 놓인 다른 강대국들도 다른 선택을 했다. 심지어 국력이 절정에 달했을 때의 영국도 자국에 가장 중요한 지역인 유럽 대륙에서조차 그런 책임을 받아들이지 않았다. 18세기와 19세기에 유럽에서 이론상으로는 영국이 이와 유사한 균형자 역할을 했지만, 영국은 유럽 대륙의 평화를 수호하는 책임을 짊어진 적이 없었다. 영국은 유럽 대륙으로부터 3천 마일이 아니라 겨우 20마일 떨어져 있는데도 말이다. 영국은 나폴레옹을 패배시킨 후 유럽에 군사력을 주둔시키지 않았다. 1871년 프랑스의 패배에 뒤이어 독일이 패권국가로 부상하지 못하도록 막지도 않았다. 영국은 제1차 세계대전이 끝난 후 유럽의 안보를 보장하지도 않았다. 유럽과의 사이에 겨우 해협 하나를 둔 영국과 비교해볼 때, 두 대양의 든든한 보호막 뒤에 위치한 미국의 안전한 지리적 위치를 감안해볼 때, 미국이 세계 평화를 수호하는 책임을 기꺼이 짊어졌다는 사실은 더더욱 이례적이다.

게다가 미국은 냉전이 시작되기도 전에 이러한 선택을 했다. 이러한 사실은 곧 잊었고 그 후 70년 동안 여전히 잊힌 채이지만, 이제 오늘날 이를 돌이켜볼 필요가 있다. 대부분의 미국인들은 소련을 적성국가로 규정하기도 전에 이미 세계에 대한 국제주의적 접근 방식을 새로이 채택했다. 미국은 1919년에는 국제연맹에 가입하지 않았지만, 이를 보완한 유엔 기구를 창설하고 참여하기로 했다. 미국과 스탈린 정권하의 소련이 전시의 협력 관계를 전후 시대에도 계속하리라고 대부분의 나라들이 기대했던 시기다. 루스벨트는 1943년 말, "우리는 스탈린과 러시아 국민들과 아주 잘 지낼 작정이다. 정말 아주 잘 지낼 것이다."[42] 1945년에조차 애치슨과 미국 정부 안팎의 인사들은 독일과 일본에 맞서서 전쟁을 이끌었던 3개 강대국들—미국, 영국, 소련—이 전후 세계의 평화를 유지하리라고 생각했다.

사실 이 새로운 전략은 미래 지향적이라기보다 과거 지향적이었다. 이 전략은 어떤 특정한 새로운 위협이나 특정한 나라를 겨냥한 전략이 아니었다.[43] 제2차 세계대전으로 이어진 경제적, 정치적, 전략적 여건들의 회귀를 막는 게 이 전략의 일차적인 목적이었다. 20세기의 새로운 지정학적 현실에 대한 대응이었다.

그러나 이는 인간이 처한 여건에 대한 대응이기도 했다. 인간의 본성과 국가의 행동이 쉽게 변하지 않는다는 현실에 대한 대응이었다. 새로운 세계질서를 설계한 이들은 인류에 대한 평가나 국제관계의 속성에 대한 시각에서 볼 때 여러모로 비관론자였다. 대부분의 미국인들이 신설된 유엔에 기대를 걸고 물리력이 아니라 법과 제도로 운영되는 체제가 결국 세상사를 관장하게 되리라고 믿었지만, 루스벨트, 트루먼, 애치슨, 조지 C. 마셜, 조지 F. 케넌의 생각은 달랐다. 그들은 이전의 40년을 겪으면서 망상을 버리게 되었다. 루스벨트는 "전쟁을 불법화한" 켈로그-브리앙 조약과 같은 협약에 찬성한 이들이 바랐던 바와 같이 "호전성이 강한 국가들이 평화의 미덕을 터득하고 이해하리라는 희망에" 더 이상 매달려서는 안 된다고 주장했다.[44] 애치슨은 "법칙도 심판관도 없고, 착하다고 상을 주지도 않는" 세상은 밀림이라고 주장했다. 그런 세상에서 나약함과 우유부단함은 "치명적"인 결과를 초래하고, "자연은 실수에 대해 죽음으로 심판한다."라고 했다. 그리고 이러한 현실에서 벗어날 길은 없다고 했다. 세계적 힘의 균형은 저절로 유지되지도 않고 자율적인 법적 질서도 존재하지 않으며, 국제적 갈등과 경쟁은 끊임없이 계속된다고 했다. 물리적 안보와 자유주의적 이상을 수호하려면 오로지 힘에는 더 강한 힘으로 맞서는 방법뿐이라고 했다. 그리고 현 상태의 세계에서 평화를 보장하려면 "미국의 도덕적, 군사적, 경제적 힘이 계속 유지되는" 방법밖에 없다고 애치슨은 주장했다. 그가 훗날 언급한 바와 같이, 미국은 "앞장서서 인류를 이끄는 기관차"였다.[45]

전후 세계질서를 설계한 이들은 이러한 의미에서 현실주의자였지만, 그들이 보편적이고 부인할 수 없다고 믿었던 자유주의와 그 이념이 표방하는 이상과 원칙에 봉사하는 현실주의였다. 그들은 인간의 본성에 내재된 충동과 파괴적 요소들을 제어하고 억제하는 한편, 바람직한 요소들을 보존하고 육성한다면 인류가—도덕적, 정치적, 물질적으로—진보할 가능성이 분출되리라고 희망했다. 이러한 의미에서 그들은 미국 건국의 아버지들과 비슷했다. 알렉산더 해밀턴과 제임스 매디슨은 토머스 제퍼슨이 독립선언문에서 천명한 계몽주의 원칙들을 진정으로 믿었다. 해밀턴은 "인류의 신성한 권리는, 햇살과 같이, 신이 직접 인간의 본성에 새겨 넣었다."라고 믿었다.[46] 그러나 해밀턴과 매디슨이 구축하려 한 정부체제는 선한 인간 본성의 승리를 토대로 하지 않았다. 서로 다른 이익을 추구하는 서로 다른 집단들이 앞다퉈 힘과 이점을 차지하려는 경쟁은 "인간의 본성에 내재되어 있다."라고 매디슨은 주장했다.[47] 따라서 야망을 야망으로 견제하고 인간의 파괴적 충동을 제어할 견제와 균형의 체계가 필요했다. 그와 같은 정치체제를 제대로 설계할 수 있다면 독립선언문에 명시된 보편적 권리의 실현을 비롯해 인류의 진보도 가능했다.

전후 세계질서를 설계한 이들도 이러한 보편적 원칙들을 신봉했고, 정치경제 체제로서 사회주의나 파시즘보다 민주정체와 자본주의가 우월하다는 데 대해 추호도 의심하지 않았다. 그러나 히틀러, 스탈린, 무솔리니의 부상을 목격하고 1930년대에 민주정체와 자본주의가 거의 붕괴할 뻔한 경험을 하고 나서는, 자유주의적인 이상이 옳고 참되다고 해서 반드시 승리하지는 않는다는 사실을 깨달았다. 그들은 당대의 그리고 현재의 이상주의적 국제주의자들이 지닌 낙관론, 즉 자유로운 상거래와 민주정체만으로, 혹은 전쟁을 불법화하는 조약과 법으로, 혹은 유엔 같은 국제기구를 통해 궁극적으로 인간과 국가의 행동을 변모시킬 수 있다는 생각에 공감하지 않았다. 그들은 평화, 번영, 진보는 힘의 행사에, 구체적으로 미국의 힘에 달려 있다고 믿었다.

그러나 한편으로 그들은 1930년대의 현실주의자와 현시대의 현실주의자들과는 달랐다. 그들은 진보가 가능하다고 믿었다. 그들은 파시스트 국가의 부상을 보고 나서 수수방관하는 평계가 되었던 현실주의자들의 운명론을 거부했다. 그들은 국제연맹과 베르사유 조약이 아무리 결함이 있다고 해도 이를 거부한 것은 실수였다고 믿었다. 불완전하나마 자유주의 질서가 무질서나 자유주의의 적들이 지배하는 질서보다는 낫다고 생각했다.[48] 루스벨트가 1945년 세상을 떠나기 전에 말했듯이, 미국은 "불완전한 세상이긴 하나 그 세상에서 미국이 책임을 다할 용기"가 필요했다.[49] 자유주의적 진보는 가능하지만 이에 우호적인 국제질서를 구축하고 보존해야 하고, 이는 힘으로 뒷받침되어야 했다. 그런 여건에서 비로소 인간의 본성에 내재된 선한 요소들이 육성되고 보존되고 꽃필 수 있었다.

03

자유주의
세계질서
안에서의 삶

LIFE
INSIDE
THE LIBERAL ORDER

이 러한 새로운 세계질서를 구축하고 유지하는 데 든 비용은 미국인 들이 생각했던 것보다 훨씬 높았고, 미국 국민이 세계에 대해 이 러한 새로운 책무를 짊어지겠다고 결심했을 때 생각했던 정도보다도 확 실히 높았다. 대부분의 미국인들은 유엔을 창설하기만 하면 평화로운 새 시대가 열리리라고 진심으로 믿었다. 그들은 승전국들이 협력해서 새 질 서를 유지하리라고 생각했다. 그리고 루스벨트조차도 미국이 중심적인 역할을 하겠지만, 이 역할은 자신이 전쟁 중에 그리했던 바와 같이 미국 과 협력하는 다른 나라들을 앞에서 이끄는 역할이 주가 되리라고 생각했 다. 평화를 유지하기 위해 미국이 군사적으로 기여할 일은 주로 영국, 러 시아, 중국 등 다른 강대국들을 지원하기 위해 핵심 전장에 해상력과 공 군력을 전개하는 일이리라고 생각했다. 전쟁이 끝나자 트루먼은 대부분 의 미국인들과 마찬가지로 미국 청년들을 귀국시키면 대대적인 규모의 국방비 지출을 대폭 삭감하게 되리라고 생각했다.

국제정세를 면밀히 지켜보던 이들조차도 전후에 훨씬 어려운 현실에 직면하리라는 예상을 하지 못했다. 그들은 영국이 그처럼 나약하리라고, 혹은 영국이 두 차례 세계대전을 겪으면서 얻은 물리적, 심리적 손상은 고사하고, 19세기 말의 지정학적 변화도 절대로 완전히 극복하지 못하리 라고 예상하지 못했다.[50] 서유럽은 생각보다 훨씬 상태가 심각했다. 경제 는 파탄 났고 경제를 되살릴 인구도 급감했다. 한편 중국은 내전과 혁명 의 소용돌이에 휘말려 동아시아의 정세를 안정시키는 역할을 할 여력이 없었다. 따라서 새로운 국제질서를 유지하기 위해 의지할 다른 "경찰"이 없는 상황에서 미국은 국제질서를 조직화하고 관리하는 동시에 군사력을 지원하는 핵심적인 역할을 하는 한편, 한동안 새로운 질서를 유지할 비용을 홀로 전담하게 되었다.

예상치 못한 가장 중요한 상황이 전개되지 않았다면, 미국이 그로부터 40여 년 동안은 고사하고 애초에 이러한 역할을 맡았을지는 모를 일이다. 바로 소련이 루스벨트가 기대했던 협력의 동반자가 아니라 이념적, 지정학적 적수로 부상한 상황 말이다. 역사학자들은 두 강대국 간의 적대적 관계가 누구 탓으로 혹은 무엇 때문에 시작됐는지에 대해 수십 년 동안 갑론을박했다. 두 나라 간의 심오한 이념적 차이와 유럽, 중동, 아시아에서 두 나라가 각각 지니고 있는 입지로 야기되는 지정학적 대립으로 미루어볼 때, 적대적 관계가 아닌 다른 결과가 나오리라고 생각하기가 어렵다. 그러나 그 원인이 무엇이든, 두 나라가 서로 맞서고 있는 현실은 새로운 자유주의 세계질서를 구축하고 유지하는 일이 미국이 생각했던 정도보다 훨씬 까다로울 것임을 의미했다. 미국은 결국 유럽과 아시아에 미군을 영구 주둔시키게 되었고 다른 나라 경제를 회생시키는 데 수십억 달러를 써야 했으며, 세계를 불철주야 순찰해야 했다. 대서양 헌장을 제정하고 자유주의와 민주정체의 원칙인 4대 자유를 제시하면서, 이를 통해 전후 세계의 면모를 변화시키기를 바란 루스벨트도 예상치 못한 결과였다.

유럽에서 이는 미국이 1919년에 거부했던 책임을 받아들인다는 의미였다. "자유로운 환경"이 조성되고 유지되려면 대서양 저편의 주요 국가들이 민주정체여야 했다. 그러나 서유럽이 민주정체를 유지하려면 전쟁의 참화를 극복하고 경제를 회복해야 했다. 그리고 서유럽이 경제적으로 회복하려면 독일 경제가 회복되어야 했다. 그러나 영국과 프랑스와 독일의 이웃나라들은 독일 경제를 회생시키면 독일의 힘과 야망도 되살아나리라는 두려움을 느꼈다. 20세기 중엽 소련이 유럽에 가하는 새로운 위협은 호전적이고 막강한 통일 독일이 가하는 위협만큼 우려스럽지 않았다. 따라서 풍요롭고 민주정체를 토대로 한 서유럽을 구축하기 위해서는 이러한 나라들을 독일로부터 보호할 안보 조치가 필요했다. 1918년 이후 미국이 거부했던 바로 그 역할이었다. 소련이 유럽에서 가장 막강한 나라로 부상하면서 신생 서독을 포함해 서유럽을 소련과 그 영향으로부터 보호해야 했다. 미국이 주도하는 상호방위동맹 체제를 먼저 꺼내든 건 유럽 국가들이었고, 마셜, 애치슨을 비롯해 대부분의 정책설계자들은 이 제안이 독일이라는 기존의 문제와 소련이라는 새로운 문제를 한꺼번에 해결할 유일한 방법이라고 신속히 결론을 내렸다. 미국은 마셜플랜으로 서유럽 경제를 회생시키고 유럽에 항구적인 평화가 뿌리내리도록 하기 위해 북대서양조약기구 동맹을 구축했다. 마셜이 주목한 바와 같이, 미군의 유럽 주둔은 "무기한" 계속되어야 "이해를 같이하는 확고한 공동체"를 구축하는 데 필요한 "지속적인 안보를 보장"할 수 있었다.[51]

아시아에서의 사연도 거의 동일했다. 미국은 처음에 미국이 보기에 일본의 군사모험주의를 탄생시킨 독재체제와 삶의 방식뿐만 아니라, 일본의 군사력을 파괴시킨다는 목표를 세웠다. 그러나 1949년 중국에서 공산혁명이 일어나고 1950년 북한이 남한을 침공하면서, 미국 정책결정자들은 일본을 개혁해 안정적이고 풍요로운 나라로 만드는 게 아시아 정세를 폭넓게 안정시킬 열쇠라고 생각하게 되었다. 그러나 유럽에서와 마찬가지로 일본의 경제적 회생은 전쟁 피해 당사국들에게는 끔찍한 미래였고,

따라서 그들은 일본이 과거의 힘과 야심을 되살리지 못하게 미국이 보장해달라고 요구했다. 미국은 1951년 오스트레일리아, 뉴질랜드, 필리핀의 요청에 따라 안보조약을 맺고 공산국가나 일본의 공격으로부터 보호해주겠다고 약속했다. 1951년 미국이 일본과 체결한 안보조약에는 일본에 미군을 계속 주둔시키고 일본의 군대를 사실상 미국의 통제하에 놓는 내용이 포함되었다. 미국에게 이러한 안보조약들은 일차적으로 공산주의를 봉쇄하는 게 목표였지만, 역내 조약국들에게는 일본을 봉쇄한다는 의미가 더 컸다.[52]

뜻밖에 유럽과 아시아에 미군을 주둔시키게 되면 어떤 결과를 야기할지에 대해 당시에는 거의 이해하지 못했고, 그 이후로도 대체로 언급되지 않았다. 당시에도 그 이후에도 미국은 냉전에 온통 정신을 집중하느라 자국의 행동이 국제체제에서 혁명을 야기하고 역사의 진로를 바꾸어놓았다는 사실을 깨닫지 못했다. 냉전 직전에 시작되어 1946년 이후로 심화되고 강화된 미국의 전후 정책들은 국제사회에서 새로운 행동 유형들을 탄생시켰다. 독일과 일본의 부상과 더불어 시작됐던 갈등의 소용돌이와 19세기 말에 영국이 구축한 세계질서의 붕괴가 멈추어 섰다. 두 패전국이 변신하고 유럽과 동아시아에 미국의 힘이 항구적으로 주둔하면서 30년 동안 거의 전 세계를 두 차례나 갈등의 소용돌이로 빨아들였던 악순환에 종지부를 찍었다. 돌이켜보면 국제사회에서 전후에 일어난 가장 중요한 혁명은 미국과 소련이 새롭게 대치하게 된 냉전이라는 사건이 아니라, 독일과 일본이 야심만만하고 독재적인 군사강대국에서 평화롭고 민주적인 경제대국으로 서서히 변신한 사건이다.

이러한 변화는 일본의 경우도 독일의 경우도 자연스럽게 진화한 결과가 아니었다. 그들의 군사적 패배와 전후 미국과 동맹국의 정책들이 낳은 결과였다. 독일과 일본 국민들이 겪은 고통은 이를 야기한 자국 정권들을 처벌하는 이상으로 가혹했고, 독일의 전후 첫 총리 콘라드 아데나워 같은 주요 정치지도자들이 핵심적인 역할을 한 게 사실이지만, 미국이 독일과 일본 두 나라를 점령하고 지속적으로 군대를 주둔시키지 않았어도 이 두 나라가 자연스럽게 민주정체를 채택하게 되었을지는 의문스럽다. 두 나라에서 민주정체의 전통은 약하고 비교적 낯설었다. 독일에서는 바이마르 시대에조차도 공화국에 깊은 애착을 느끼는 독일인이 거의 없었고, 히틀러가 1933년에 집권하기도 전인 1930년 이후 공화국 체제는 쉽게 해체되었다. 전쟁이 발발하기 몇 달 전까지도 나치의 통치에 저항하는 이도 거의 없었다. 전쟁 후에 독일과 일본에는 민주정체의 수호에 헌신적인 인물들이 많이 있었지만, 전혀 관심이 없는 이들도 많이 있었다. 독일에서의 탈나치 정책과 일본에서의 군국주의자와 초강경 국수주의자들의 숙청은 비록 결함도 있고 불완전했지만 두 나라에 강력한 경고의 메시지를 던졌다. 과거에 나치였든 여전히 친나치 성향이든 모두 민주정체를 지지하게 되었다. 미국의 점령으로 민주정체를 지지하지 않을 도리가 없었고 이것만으로도 충분했다.[53] 서독에서는 1960년대 무렵 대다수 국민이 형식뿐만 아니라 내용에 있어서도 의문의 여지없이 민주정체의 지지자가 되었고, 오늘날 아마도 세계에서 가장 자유로운 국민이라고 해도 무방하다. (반면 동독에서는 소련의 점령하에서 나치 독재보다 훨씬 더 전체주의적인 공산

64

독재로 바뀌었다.)

독일과 일본이 지정학적으로 경로를 수정하면서, 궁극적으로 두 나라는 소련의 흥망보다 훨씬 더 중요하고 지속적인 변화를 낳았다. 미국은 일본 헌법 9조 첫 단락에, 일본은 "국가의 주권 행사의 수단인 전쟁을 영구히 포기하고 국제분쟁 해결의 수단으로서의 위협이나 물리력 사용을 포기한다."라고 못 박았다.[54] 독일의 경우 서독은 미국과 연합군의 점령하에서, 그리고 동독은 소련의 점령하에서 국제사회에서 독자적인 주체로 활동할 권리를 포기했다. 이로써 일본과 독일이 과거의 행동 양식으로 돌아갈 선택지가 사실상 배제되었다. 미국이 자국의 힘을 이용해 두 나라에서 "비무장과 민주정체의 채택"을 강제하지 않았어도 이러한 변화가 일어났을지는 의문이다. 전쟁이 끝난 후 미국이 완전히 철수했다면 두 나라가 어떤 길을 택했을지는 아무도 모른다.

이 두 나라가 부상한 두 지역에서 미국이 야기한 효과는 극적이었다. 독일과 일본이 지정학적, 군사적 경로를 택하지 못하게 함으로써 두 나라의 이웃나라들은 수십 년 동안 맛보지 못했던 수준의 안보를 누리게 되었다. 미국이 소련을 억제하는 역할을 대부분 감당하면서, 유럽과 동아시아 국가들은 20세기 전반부 내내 전략적 문제에 쏟아부었던 자국의 에너지와 재원을 국내 문제와 경제 문제를 해결하는 데 마음껏 투자할 수 있게 되었다.

독일과 일본도 자유로워졌다. 군사력으로 힘과 영향력을 강화하고 지정학적 야심을 실현할 길이 봉쇄되자, 자국의 에너지와 야심을 경제적 성공과 국내 복지 달성에 쏟아부을 수 있었다. 이는 미국이 의도한 바다. 당시 미국 국무장관 제임스 번즈가 1946년에 말했듯이, "군국주의로부터 자유로워진" 독일 국민은 그들이 지닌 열정과 역량을 평화 구축에 응용할 기회를 얻었다.[55] 일본에서는 경제적 전문성이 군사적 전문성을 제치고 가장 가치 있는 전문성으로 간주되었다. 통상산업부가 외교부보다 중요한 부서가 되었다. 탱크, 트럭, 전함을 생산해 일본이 아시아를 점령하는 데 기여한 일본의 기업들은 자동차, 상선, 그리고 일본의 경제 "기적"의 토대가 된 민간 제조업 상품을 만드는 시설로 전환되었다. 일본이 제국을 상실하면서 일본 기업가들은 새로운 시장 전략을 수립해야 했고 이는 놀라운 성공을 거두었다. 역사학자 존 다우어가 일본에 대해 "패전은 일본에 득이 되었다."라고 한 발언은 일본과 독일 두 패전국에 모두 적용 가능하다. 그러나 이득을 본 나라는 두 나라뿐만이 아니다. 두 나라를 애친슨의 말마따나, 유럽과 아시아의 "작업장"으로 변모시키는 게 미국의 정책이 추구한 목표였다. 두 나라의 경제 성장은 더 넓은 유럽, 아시아, 궁극적으로 세계 경제 성장의 원동력이 되었고, 결국 인류 역사상 가장 풍요로운 시기를 탄생시켰다.[56] 일본은 자국이 주요 수혜자가 된 새로운 자유주의 질서를 수호하는 데 매진하게 되었다.

독일과 일본이 민주적, 평화적으로 변모하고 경제가 회생하고 과거에 갈등이 끊이지 않았던 유럽과 동아시아 지역에 미국의 힘이 도입되면서, 세계의 힘의 구조뿐만 아니라 국제관계의 역학구도 자체도 변했다. 새로운 세계질서하에서 정상적인 지정학적 경쟁은 사실상 중단되었다. 서유럽과 동아시아 국가들은 군비경쟁을 중단했다. 서로 맞설 전략적 동맹을 맺지도 않았다. 서로에 대한 우려와 불안이 야기하는 "안보 딜레마"도 없었다. 역내 국가들 간에 평화를 유지하기 위해 힘의 균형을 유지할 필요도 없었다.

경제와 지정학 간의 통상적인 연계가 단절되었다는 사실도 그 못지않게 중요하다. 역사를 통틀어 강대국들, 일반 국가들, 제국들 간에 경제력이 부침을 겪으면 항상 격변과 전쟁이 발생했다. 상대적으로 더욱 부유해지거나 기술적으로 앞서게 되는 나라들은 이러한 이점을 군사력과 세계적 영향력의 강화로 전환했다. 19세기 말 일본이 개혁과 근대화에 착수하면서 내건 구호는 "부국강병"이었는데, 이 문구는 수 세기 전 중국에서 비롯되었다. 기존의 힘의 균형이 깨지면 전쟁이 일어나고 그 결과 새로운 힘의 위계질서를 반영하는 힘의 균형이 새로이 조성되었고, 이는 다시 새로운 경제적, 기술적 위계질서로 나타났다.[57] 처음에는 미국, 서유럽, 일본이 포함된 새로운 자유주의 질서하에서 나라들은 경제적으로 경쟁하면서 서로 앞다퉈 제조하고 혁신하고 판매했다. 그러나 경제적 경쟁이 군사적 경쟁 혹은 지정학적 경쟁으로 전환되지 않았다. 정상적인 세계에서라면 일본과 독일이 일으킨 경제적 기적으로 둘 중 하나 혹은 두 나라 모두 기존의 질서와 그 위계에 대해 도전장을 내밀게 되었을지 모른다. 새로운 자유주의 세계질서하에서 두 나라는 그렇게 하지 않았다.

그러나 이는 독일, 일본, 그 밖의 유럽과 아시아 국가들이 소련과 중국에 맞서 미국과 동맹을 맺었기 때문도, 미국이 그들보다 훨씬 막강해서 다른 나라들을 다잡았기 때문도 아니다. 1970년대 무렵 서유럽 국가들과 일본의 경제 규모를 합하면 미국의 경제 규모에 맞먹거나 능가했고, 역사적으로 볼 때 상대적 경제력의 변화에도 불구하고 동맹관계가 항상 살아남은 것은 아니다. 자유주의 세계질서하에서 다른 주요 국가들이 새로이 얻은 경제력을 군사력으로 전환하려고 마음먹었다면, 그들은 미국의 패권에 도전하는 막강한 세력이 되었을지 모른다. 특히 그들이 소련과 기꺼이 협력할 의향이 있다면 말이다. 그런데 그들이 그렇게 하지 않았다는 사실은 자유주의 세계질서와 그 질서 안에서의 미국의 행동에 대해 시사하는 바가 크다.

미국의 항구적인 전략적 관여, 19세기와 20세기에 영국이 시도했다가 실패한 "역외 균형자"와는 반대로, 유럽과 아시아에 군대를 주둔시키는 "역내" 균형자 전략이 결정적인 요인이었다. 부유해지면 예외 없이 군사력을 증강하고 이는 결국 지정학적 갈등으로 이어졌던 이유는 자국의 안보는 자국밖에 지킬 수 없었기 때문이다. 경제적 경쟁과 경제력의 부침은 상수이고, 어떤 나라든 예외 없이 경제력을 군사력으로 전환하기 마련이기 때문에 경제가 성장하는 나라는 이를 잠재적인 적국들보다 앞설 기회로 이용해야 했다. 그러나 전후 미국이 구축한 새로운 여건하에서 미국의 안보질서에 합류한 나라들은 이웃나라들과 군사력 경쟁을 할 필요가 없어졌다. 미국의 동맹체제와 군사력 주둔으로 인해 이 질서 외부로부터의 위협뿐만 아니라 동맹국들의 위협으로부터도 보호를 받았다. 독일이나 일본이 경제력을 군사력으로 전환하려 했다면 이웃나라들 사이에 즉시 공포가 조성되었을 게 틀림없다. 과거에는 그러한 이웃나라들은 자국도 무장하고 군비경쟁에 돌입하는 수밖에 선택의 여지가 없었을지 모른다. 제1차 세계대전이 발발하기까지 수십 년 동안 그랬듯이 말이다. 그러나 새로운 세계질서하에서 동맹국들은 필요하다면 미국이 자국 대신 힘을 행사해주리라고 믿을 수 있었다. 그러나 미국의 힘이 필요한 적이 없었다. 세계질서에서 미국은 상대적으로 약한 나라들을 보호해주고 막강한 경제국가로 부상하는 나라들이 세계체제에 도전할 생각조차 하지 못하게 억제하는 역할을 했다. 그 결과 모든 나라들이 전략적 결과에 대해 두려워할 필요 없이 세계시장에서 앞서거니 뒤서거니 하면서 경제적 경쟁을 했다.

자유주의 질서 내에서는 지정학적, 전략적 이익 권역이 없었다. 과거에는 서로 중첩되는 이익 권역들을 둘러싼 갈등이 주로 강대국 갈등의 원인이었다. 유럽에서의 제1차 세계대전과 유럽과 아시아에서의 제2차 세계대전은 처음에 발칸반도, 폴란드, 알자스와 로렌 지역들, 체코슬로바키아 같은 분쟁 지역을 두고 벌어졌다. 동아시아에서는 일본이 처음에는 한국에서, 그리고 뒤이어 중국에서 만주 북부 지역부터 시작해 일본의 이익 권역이라고 주장하면서 시작되었다. 일본의 이러한 주장은 전혀 터무니없지는 않았다. 중국과 동남아시아에서 유럽 열강들이 이와 유사한 이익 권역을 주장했던 사실로 미루어볼 때 말이다.

그러나 1945년 당시의 관점에서 돌이켜볼 때, 독일과 일본의 요구를 국제사회가 받아들이기로 한 결정은 합법적이든 아니든 큰 실수였고 이를 시작으로 끊임없는 양보가 이어졌으며, 그러한 요구를 수용한 유화책이 방지했어야 할 바로 그 전쟁으로 이어졌다. 따라서 전후 처리 과정에서 독일과 일본은 지정학적 야심을 실현하지 못하게 되었고 이익 권역도 허용되지 않았다. 새로운 자유주의 세계질서의 근간 자체가 그러한 영향권을 허용하지 않았다. 심지어 승전국에게조차도 허용하지 않았다. 미국의 독특한 역할은 예외였다. 미국은 세계질서를 보장하는 주체로서 본질적으로 세계 전체를, 특히 냉전이 시작되자 세계 전체를 이익 권역으로 주장했다. 그러나 자유주의 규범과 지정학적 역학관계의 압박이 복합적으로 작용해서 다른 역사적 이익 권역도 잠식되었다. 그러한 잠식을 평화협정의 취지로 명시하지는 않았지만 말이다. 1945년 7월자 미국 국무부의 문서에 명시되었듯이, 이익 권역으로의 회귀는 "명실상부한 힘의 정치"로의 회귀다. 미국이 추구하는 목적은 "자국의 안보를 구축하기 위해 그러한 권역이 필요하다고 느끼게 만드는 원인들을 제거"하는 일이었다.[58]

여기에는 수 세기 동안 지속된 대영 제국과 프랑스 제국도 포함되었다. 식민 지배로부터의 독립을 모색하는 사람들이 전개한 전 세계적인 반식민주의 투쟁은 20세기를 대대적으로 전환시킨 힘으로 손꼽힌다. 그러나 그들이 독립을 쟁취했다는 사실은 필연적인 결과는 아니었다. 세계가 그 전과 마찬가지로 열강들이 다각도로 경쟁을 하는 현상이 계속 유지되었다면, 영국과 프랑스는 더욱 집요하게 자국이 구축한 제국에 매달렸을 가능성이 높다. 식민지의 독립운동에 직면했을 때 두 나라가 그랬듯이 말이다. 19세기와 20세기 초, 두 나라는 자국의 식민지를 필수적인 전략적 자산으로 간주했다. 영국의 경우는 식민지를 경제력의 원천이자 세계 해양을 누비는 함대의 국제기지로 간주했다. 프랑스는 식민지를 독일의 인구와 비교해볼 때 위험할 정도로 감소하고 있던 자국 인구를 늘리는 수단으로 간주했다. 그러나 제2차 세계대전 후 새로운 힘의 구조하에서, 영국과 프랑스의 안보를 미국이 보장해주고 바닷길은 미국의 해군이 열어놓고 있었으며, 과거의 두 강대국은 너무 약해서 자국이 보유한 제국을 방어할 역량이 없었고 미국은 그들의 제국을 대신 지켜주는 데 관심이 없었으므로, 식민지가 유지될 가능성과 식민지의 전략적 가치는 사라졌다. 그러나 새로 구축된 반식민지적 자유주의 "규범"만으로 유럽 국가의 사고가 바뀌었을 리는 없다. 식민 통치는 전쟁 전에도, 전쟁 중에도, 전쟁 후에도 자유주의 성향의 모든 영국인들이 질색했었으니 말이다.[59] 그러한 제국들의 명줄을 끊어놓는 데 기여한 주인공은 바로 새로운 세계질서였다. 따라서 영국과 프랑스는 자국이 세계에서 지닌 이익 권역을 포기했고 독일과 일본은 자국이 보유한 제국을 잃었으며, 이 가운데 어떤 나라도 잃은 제국을 되찾으려는 시도를 하지 않았다. 이 모든 나라들이 자국이 지녔던 지정학적 태도를 완전히 바꾼, 역사적으로 전례 없는 놀라운 변화였다.

그러나 새로운 질서의 성공은 미국이 기본적인 규정들을 준수했기 때문에 가능했다. 가장 중요한 규정은, 미국이 이 질서에 합류한 다른 나라들에게 손해를 끼치더라도 미국이 항구적으로 경제적 이득을 얻기 위해 미국이 지배하는 이 체제를 악용하지 않겠다는 것이었다. 간단히 말해서, 미국이 자국의 군사적 지배력을 이용해 새로운 질서에 합류한 다른 나라들을 상대로 경제적 경쟁에서 이기려 하지도 않고, 경제적 경쟁을 늘 이기기만 강조하는 제로섬 게임으로 여기지도 않겠다는 뜻이었다. 그렇다고 해서 경쟁을 배제한다는 뜻도 아니고 보호주의 조치—"자유무역" 질서 하에서조차 거의 모든 나라들이 관행적으로 실행했다—를 완전히 배제한다는 뜻도 아니었으며, 유리한 지위를 부여할 환율조작을 비롯한 다른 조치들을 배제한다는 뜻도 아니었다. 미국은 군사력에서뿐만 아니라 국제경제에서도 지배적인 국가였으므로 새로운 세계질서하에서 분명히 이득을 보았다. 그러나 새로운 세계질서를 유지한 핵심적 요소는 다른 나라들이 경제적으로 성공할 상당히 공정한 기회를 얻게 되고—일본, 독일, 그리고 여러 나라들이 실제로 그랬듯이—때로는 미국을 추월할 수조차 있다고 인식했다는 점이다. 전후에 독일, 서유럽, 일본의 경제를 재건하겠다는 미국의 결연한 의지로 "자본주의 국가들 간의 활발한 경쟁"이 조성되었고, 결국 미국 기업들은 수익률을 유지하기 위해서 더 치열하게 경쟁해야 했다.[60] 1950년부터 1970년까지의 기간 동안, 서유럽의 산업생산은 연평균 7.1퍼센트 수준으로 확장되었다. 연간 국내총생산은 55퍼센트 상승했고 1인당 국내총생산은 44퍼센트 올랐다. 이러한 성장률은 "유럽에서 전례 없는 수준"이었다. 이처럼 경제가 성장하는 국가들은 미국과 더불어 자유주의 세계질서를 튼튼하게 다지고 세계경제에서 지배적인 세력까지 된다. 또한 세계경제 경쟁의 주요한 측면에서, 이러한 나라들은 미국과 나란히 겨룰 역량도 갖추게 되었다.[61] 1960년대 중엽 무렵 독일과 일본 모두 자동차에서부터 철강 생산, 가전제품에 이르기까지 여러 핵심 산업 부문에서 미국을 앞섰다.[62]

1980년대에 일본을 제외한 동아시아 지역의 1인당 소득은 자유주의 질서에 합류한 다른 주요 국가들과 비교할 때 거의 40퍼센트 증가했다.[63] 1950년 한국전쟁을 치르면서 미국은 일본에 우호적인 원조정책을 실시하고 역내 무역지대를 구축해 일본의 경제 "기적"을 일으킬 발판을 마련했다. 그뿐만 아니라 1970년대와 1980년대에는 아시아의 네 마리 "호랑

이"로 불리는 남한, 대만, 싱가포르, 홍콩을 탄생시켰으며, 그 이후에는 중국과 베트남의 경제 성장을 도왔다.[64] 그 결과 냉전시대 전반에 걸쳐 미국의 국내총생산이 세계 전체 국내총생산에서 차지하는 비중이 50퍼센트 이상에서 25퍼센트 이하로 줄었다. 미국의 국내총생산이 성장하고 미국인들도 일반적으로 부유해졌는데도 말이다. 이는 미국이 실시한 정책이 낳은 직접적인 결과였고 자유주의 질서가 건강하게 유지되기 위해 반드시 필요했다. 이 세계질서가 다른 참여국들에게는 손해를 입히면서 미국의 이익을 증진시키는 데 부합하는 체제였다면 과연 유지될 수 있었을지는 불분명하다. 이 체제에 동참한 다른 나라들은 아마 국제관계 이론이 예측한 대로 반응을 보였을지 모른다. 서로 힘을 모아 지배적인 국가를 견제하고 패권을 훼손할 방법을 모색했을지 모른다. 자유주의 세계질서가 성공하려면 다른 나라들이 이 질서에 동참하기를 원해야 했고, 그러려면 비교적 공정한 경쟁 구조를 마련해야 했다. 미국은 이 경쟁에서 번번이 이기기를 기대할 수 없었다. 미국은 이따금 다른 나라들에게 훨씬 이득이 되는 방식으로 기꺼이 협력해야 했다. 루스벨트가 새로운 개방적 경제질서의 기구와 조건들을 구축한 브레튼우즈 회의 개회식에서 말했듯이, "어느 나라든 그 나라의 경제적 건전성은 당연히 그 나라의 멀고 가까운 모든 이웃나라들의 관심사다."[65]

이는 통상적이고 정상적으로 단순히 국익을 추구하는 방식과 "국제사회에서의 책임"을 감수하는 방식 간의 또 다른 차이였다. 제2차 세계대전 이후 미국인들이 믿었듯이, 미국의 국익이 자유주의 세계질서의 보존과 부합한다면, 이 질서에 합류하는 다른 나라들이 이 질서의 운영 방식에 대해 대체로 만족해야 이 질서를 유지할 수 있다. 그러자면 유엔 같은 기구에 참여하는 나라들이 미국의 정책결정자들보다 유엔을 더 가치 있게 생각해야 했다. 국제무역 체제를 비롯해 이러한 기구들 안에 미국을 포함시키면, 이 체제 내에서 미국이 지니는 우월한 힘의 모난 부분을 원만하게 해주는 효과가 있었다. 이는 미국이 여러 가지 문제에 있어서 우위를 점하고 있다고 해도, 국제정책을 수립할 때는 보다 민주적인 방식을 통해 결정하겠다는 의지의 표명이었다. 역사학자 존 루이스 개디스가 지적했듯이, 미국 정치지도자와 정책결정자들은 민주정체에서 성장했기 때문에 "민주정체의 습관"이 몸에 배어 있고 "설득, 협상, 타협"을 통해 동반자 관계를 관리하는 데 익숙했다. 미국은 보통 원하는 대로 하게 되었지만, 늘 그렇지는 않았고, 전쟁 직후 미국이 실시한 많은 구상들은 유럽 동맹국들로부터 비롯되었다.[66] 미국의 이러한 참여로 자유주의 세계질서에 합류한 나라들 간에 결속력이 강해져 이 질서를 공동의 국제공동체로 여기게 되었다. 이는 냉전시대의 대치 상태에서 미국이 유리한 지위를 점하게 해준 핵심적인 요소였다. 소련 제국은 바르샤바 조약의 주요 회원국들이 소련이 구축한 질서에 만족하지 않았다는 약점이 있었고, 그들은 소련이 주도하는 질서에서 이탈할 기회가 주어지자마자 그 기회를 잡았다.

미국의 동맹국들도 물론 미국이 주도하는 질서 내에서 완전히 만족하지는 않았다. 미국은 경제적 사안에서는 비교적 공정한 여건하에서 경쟁하려는 의지가 있었지만, 이러한 미국의 의지가 모든 분야에까지 확대 적용되지는 않았다. 특히 전략적 문제에는 이러한 의지가 적용되지 않았다.

예컨대, 트루먼에서부터 드와이트 아이젠하워를 거쳐 지미 카터, 그리고 로널드 레이건에 이르기까지 미국 행정부들은 냉전의 대치 상태와 관련된 중요한 결정을 미국이 내리겠다고 고집했고, 미국이 주도하는 세계질서 내에서 말썽을 부리는 나라들을 상대할 때도 그리하겠다고 고집했다. 이 때문에 미국은 유럽이 소련과 교류하지 못하게 하거나 교류하려는 노력을 원천 봉쇄했다. 미국은 공산주의자들이 우위를 점하려는 시도를 사전에 분쇄하기 위해 군사적 개입과 비밀 작전을 수행했는데, 보통 자유주의 세계질서에 참여한 다른 나라들의 승낙을 구하지 않았고, 때로는 많은 동맹국들의 반대를 무릅쓰기도 했다. 미국은 경제적 사안과 관련해 실행한 다자주의를 안보 문제에는 거의 적용하지 않았다.[67]

오늘날 사람들은 미국이 제2차 세계대전 후에 구축한 "규정을 토대로 한" 질서에 대해 향수를 느낀다. 그러나 전략적 문제에 있어서 이 질서의 "규정"은 미국을 제외한 다른 모든 나라들에게만 적용되었다. 미국은 필요하다면 이 규정을 위반하기도 했다. 미국이 준수하겠다고 한, 유엔 헌장에 명시된 규정들까지 포함해서 말이다. 다양한 형태의 물리력을 행사하는 문제에 관한 한 미국은 이중적 기준을 적용했다. 미국 관리들은, 본인이 인정하든 않든 상관없이, 규정을 기반으로 한 질서를 유지하려면 때로는 미국이 힘을 행사해야 한다고 믿었다. 설사 그러한 힘의 행사가 규정에 부합하지 않아도 말이다. 냉전시대 기간 동안 여러 차례 그랬듯이, 유엔의 허가 없이 군사적 개입을 하거나 국제사회의 용인 없이 비밀 작전에 관여한 것처럼 말이다.

미국 안팎에서 미국의 위선과 미국이 주도하는 세계질서가 자유주의가 추구하는 이상에 못 미친다는 비판이 일었다. 많은 이들이 전후 세계질서는 진정으로 민주적이기를 바랐고, 모든 참가국들이 모든 국제 문제에서 동등한 발언권을 행사하기를 바랐다. 국제사회의 정의를 실현하려면 힘의 균형이 필요하며, 미국의 패권은 부당하고 지속 불가능하다고 믿는 이들도 있었다. 그들은 미국의 힘이 과도해지면 타락할 염려가 있다고 우려했다. 냉전시대 내내 그리고 냉전이 끝난 후에도, 규정을 토대로 구축되었다고 주장되지만 종종 미국 패권이 자국의 이익을 어떻게 인식하는지에 따라 그 면모가 결정된 세계질서가 과연 정당한지 여부에 대해 의문이 제기되었다. 베트남전쟁 중에 수백만 명의 유럽인들이 가두시위를 벌이며 미국의 정책을 규탄했다. 레이건 시대에는 수백만 명이 유럽에 중거리 핵미사일을 배치하려는 미국에 반대하는 시위를 벌였다. 정부 차원에서의 관계도 늘 화기애애하지는 않았다. 1960년대에 드골 정권하에서 프랑스는 북대서양조약기구에서 탈퇴했고, 독일의 빌리 브란트 총리는 동독 및 소련과의 화해를 모색하는 동방정책(Ostpolitik)을 추구하면서 미국의 바람을 저버렸다. 서유럽에서는 미국의 전략적 패권에서 벗어나기 위해, 그리고 두 초강대국이 유럽에서 충돌하는 두려운 사태를 피하기 위해 보다 중립적인 입장을 추구하라고 압력을 넣는 이들도 있었다. 오늘날 많은 이들이 동맹국들 간의 화기애애한 관계로 돌아가야 한다고 주장하지만, 그런 관계는 상상일 뿐 실제로 존재한 적이 없다.

이 모든 상황에도 불구하고, 그리고 전후 세계질서의 단점과 때로는 강압적인 미국의 행동에도 불구하고, 자유주의 세계질서에 동참한 주요 국가들 가운데 이 질서를 탈퇴하거나 도전장을 내미는 나라는 없었다. 프랑스는 북대서양조약기구를 탈퇴했지만 미국을 비롯해 동맹국들과의 협력을 중단하지는 않았으며 중립적인 입장을 취하지도 않았다. 독일은 동방정책을 실행하던 시기에조차 동맹관계와 미국과의 관계를 포기하지 않았다. 1980년대에 많은 유럽인들은 미국이 유럽에 미사일을 배치하는 데 반대했지만 미국 못지않게 영국, 프랑스, 독일 지도자들도 유럽에 미사일을 배치하는 정책을 적극적으로 추진했다.

미국이 주도하는 자유주의 세계질서 안에 머무르기로 한 결정은 부분적으로는 현실적인 이유에서였다. 이 질서에 반기를 들려면 어마어마한 재무장이 필요하고, 민간 부문의 재원을 군수물자 생산으로 전환해야 하며 국가가 추구하는 우선순위를 사회복지에서 국방으로 전환해야 했는데, 주요 국가들은 이 가운데 그 어느 것도 시행하는 데 관심이 없었다. 그러나 그뿐만이 아니었다. 제1차 세계대전이 발발하기 전 수십 년과 제2차 세계대전이 발발하기 전 기간 동안 영국, 프랑스, 일본은 지속적으로 대규모 군사력을 유지하고 국부의 상당 부분을 군사비로 지출했다. 전쟁 후 그들은 파산하거나 사회복지 체제를 폐지하지 않고도 과거의 행동 유형으로 쉽게 되돌아갈 수도 있었다.[68] 전쟁이 끝난 후 미국이 두 대양의 보호막 뒤로 철수했다면 그들은 분명히 그리했을 가능성이 높다. 그러나 그러한 상황은 유럽인들이 제2차 세계대전 후에 벗어나고자 모색한 바로 그 상황이다. 40년이 채 안 되는 기간 동안 두 차례 대전을 겪고, 유럽 문명이 두 차례나 섬멸될 위기에 처하면서 수천만 명의 인명을 손실하고 이루 말할 수 없는 물질적인 대가를 치른 유럽 국가들은 평화와 협력의 새 시대에 진입하고 싶었다. 미국이 주도하는 새로운 세계질서가 유럽 국가들에게 그럴 기회를 부여했다.

이를 무임승차라 일컬으면 유럽 국가들이 역사적 대전환이라고 할 심오한 선택을 했다는 사실을 간과하게 된다. 미국이 안보를 보장하면서 양대 세계대전으로 절정에 달한 다극 구도의 군사경쟁이라는 악순환을 끝낼 기회가 생겼다. 대부분의 유럽 국가들은 미국이 주도하는 세계질서가 결함이 있다 해도, 그러한 악순환보다는 나았다. 유럽 국가들 스스로는 인정하고 싶지 않은 사실일지는 모르지만, 나날이 감소하는 국방 예산과 자발적으로 미국의 안보질서에 계속 참여했다는 사실이 이를 증명해주었다. 일부 유럽인들이 주장하는 바와 같이, 유럽과 미국 사이에 유럽 국가들 나름의 질서를 구축해낼 수 있었을지도 모른다. 유럽의 중립주의는 서유럽 국가들이 이를 진정으로 원하고 이를 추구하기 위해 충분히 무장할 의지가 있었다면 취할 수도 있었던 선택지였다. 그들이 냉전시대 동안 그리고 냉전 후에도 이러한 제3의 길을 택하지 않았다는 사실은, 참혹한 전쟁에서 막 벗어난 유럽인들이 스스로 안정적이고 평화로운 자유주의 질서를 구축할 수 없으므로 미국에 기대어 민주적인 평화를 보존하는 편이 낫다고 암묵적으로 시인했다는 뜻이다. 노르웨이 역사학자 오드 아르네 베스타가 지적한 바와 같이, 유럽은 "자국 국경 내에 미군이 주둔하면 평화를 유지하고 민주정체를 발전시키는 데 도움이 된다고 확신했다."[69]

그러나 유럽 국가들이 근본적으로 미국을 신뢰하지 않았다면 그 어떤 것도 불가능했을지 모른다. 그들은 미국이 자국을 공격할까봐 두려워하지 않았고, 과거 제국들이 하나같이 그랬듯이 미국도 그들을 분할통치할까봐 두려워하지도 않았다. 이는 상당히 독특한 현상이었다. 영국과 프랑스가 동맹을 맺고 독일을 상대로 두 차례 싸울 때조차도 두 나라는 상대방을 제국주의 경쟁자이자 군사적 위협으로 간주하지 않은 적이 없었다. 미국에 대해서는 그런 우려를 하지 않았다. 유럽 국가들은 미국이 유럽 국가들을 희생시켜가면서 우월적 지위를 남용하지 않으리라고 믿었다. 여느 국민과 마찬가지로 미국 국민도 이기적이지만, 미국인들은 보다 복잡하고 확장된 자기이익이라는 개념을 토대로 행동하고, 미국은 자국이 주도하는 세계질서를 유지하려면 이 질서에 참여하는 국가들이 이 질서를 자발적으로 받아들여야 한다는 사실을 염두에 두고 있었다. 만인에 대한 만인의 투쟁이 아니라, 서로 뜻을 같이하는 나라들로 구성된 공동체가 구성원들 모두에게 혜택을 주는 체제를 보존하기 위해 협력하는 체제 말이다. 장 모네가 말했듯이, 이는 "역사상 최초로 강대국이 분할통치를 정책의 근간으로 삼는 대신, 과거에 서로 분열되었던 사람들을 아우르는 거대한 공동체의 창설을 결연히 뒷받침한" 세계질서였다.[70] 이 체제가 아무리 결함이 있다고 해도—미국인들이 아무리 결함이 있다고 해도—현실 세계에서 이 체제는 더할 나위 없이 바람직한 체제였다. 적어도 냉전시대 동안에는 이 질서에 대한 일반적인 시각이 그러했다. 이 질서가 유지된 까닭은 다른 회원국들이 그 어떤 현실적인 기준에 비추어 봐도 미국의 패권은 비교적 자비롭고 그 대안보다 월등히 낫다고 여겼기 때문이다.

자유주의 질서가 유지된 까닭은 자유주의적이기 때문이기도 하다. 유럽인들은 일반적으로 미국 체제를 보다 잔혹하고 인간을 원자화시키는 형태의 자본주의라고 간주했고 미국인들은 일반적으로 유럽의 사회복지

체제가 자유시장과 개인의 선택을 과도하게 제약한다고 여겼지만, 이는 공동의 자유민주적 자본주의 내에서의 견해 차이였다. 민주정체 및 자본주의—서유럽에서 "사회주의"를 채택한 국가는 단 하나도 없었다—와 국가에 대한 개인의 권리를 수호하겠다는 유럽 국가들의 집단적인 의지는 유럽과 미국이 서로 상대방을 훨씬 수월하게 이해하고 신뢰하게 만드는 막강한 결속력이었다. 양측은 인류의 진보에 대한 희망과 기대를 폭넓게 공유했고, 추구하는 속도는 천차만별일지라도 비슷한 여정을 추구했다. 자유주의 질서에 속한 국가와 사회들은 자국의 국민을 대할 때, 그리고 심지어 범죄인을 대할 때조차도 보다 인도주의적인 태도를 취했고, 표현의 자유, 언론의 자유, 시위할 권리와 정권에 반대할 권리를 점점 더 존중하게 되었다. 빈곤층은 더 따뜻한 보살핌을 받았다. 개인의 권리는 지속적으로 확대되어 그동안 보호받지 못하던 소수자까지 보호를 받게 되었다. 인종차별주의와 부족주의는 시들고 사해동포주의가 번성했다. 극단적인 형태의 국수주의와 민족주의는 수그러들었다. 자유주의 세계는 완벽과는 거리가 멀었다. 미국을 비롯해 도처에서 살해, 편견, 난폭함과 더불어 불의도 끊이지 않았다. 여전히 신의 도시가 아니라 인간의 도시였다. 그러나 그것만으로도 좌우 진영을 막론하고 자유주의를 비판하는 이들에게는 자유주의를 비판할 충분한 이유가 되었다. 그러나 그 이전 과거 5천 년에 걸쳐 진행되어온 역사와 비교해볼 때, 인간의 실존적 여건이 혁명적으로 변모한 셈이다.

이 질서에 내재된 진보에는 자기강화적인 특성이 있었다. 자유주의적 규범들이 진화하면서 미국을 비롯해 모든 자유주의 국가들은 그러한 규범을 준수해야 한다는 압력을 받게 되었다. 미국 인권운동 역사에서 가장 대대적인 진전이 이루어진 시기가 제2차 세계대전 후라는 사실은 우연이 아니다. 미국에 여전히 만연한 인종차별 정서는 세계 언론이 폭넓게 다루었고, 미국의 민주적 동맹세력들로부터 비판을 받았다. 냉전시대의 경쟁도 큰 역할을 했다. 소련이 주로 아프리카와 유색인종이 압도적으로 많은 지역들에서 미국의 "제국주의"를 비판하는 선전선동의 무기로 미국의 인종차별 현상을 활용했기 때문이다. 미국의 흑인과 인권운동 지도자들의 헌신적 노력과 희생에 대해 해외에서도 관심을 기울이고, 자유 세계를 선도하는 국가라고 자부하는 미국 정부가 미국의 얼룩진 평판을 바로잡아야 한다는 압력을 느끼면서 인권운동은 한층 힘을 얻었다.[71] 이는 미국의 보수 진영 일부에서 당시에 그리고 그 후에도 자유주의 세계질서를 의구심의 눈초리로 바라보면서 이를 미국의 "주권"에 대한 위협으로 간주하게 된 한 가지 이유였다.

세계의 사회화라는 현상도 민주정체를 확산시키는 역할을 했다. 미국은 냉전시대 기간 동안이나 그 이후에나 일관성 있게 헌신적으로 민주정체를 채택한 정부를 지지하지는 않았다. 미국은 자국에게 전략적으로 중요한 핵심지역에서—전후 초기에 일본, 독일, 서유럽에서, 그리고 1980년대와 1990년대에 동유럽과 아시아의 다른 지역들에서—민주정체를 적극적으로 추진했지만, 세계 대부분의 지역에서 그리고 냉전시대 대부분의 기간 동안 미국은 좋게 해석해도 민주정체에 무관심했다. 리처드 닉슨은 민주정체가 "아시아, 아프리카, 라틴아메리카 사람들에게 딱히 가장 바람직한 정부 형태는 아니다."라고 솔직한 견해를 밝혔는데, 이는 오늘날 많은 미국인들이 공감하는 시각이다. 미국인들은 독재체제보다도 급진주의(냉전시대에는 공산주의, 오늘날은 이슬람)를 훨씬 더 두려워하기 때문에 이란의 왕조와 필리핀의 페르디난드 마르코스, 또는 오늘날 사우디아라비아, 아랍에미리트, 예멘, 이집트의 통치자들과 같은 믿을 만한 독재자들을 대놓고 지원했다. 그리고 경우에 따라서 미국은 민주주의적으로 선출되었으나 못 미더워한 정부—1953년 이란의 모사데그, 1954년 과테말라의 아르벤츠, 1973년 칠레의 아옌데, 2013년 이집트의 모르시—를 전복시키는 데 가담하거나 정부 전복을 용인했다.

냉전시대 말기인 카터와 레이건 정권하에 가서야 미국 정부는 보다 일관성 있게 민주정체를 지지하는 쪽으로 전환하기 시작했다. 전략적인 이유도 있었다. 레이건 정부는 진 커크패트릭(Jeane Kirkpatrick)이 주장한 접근 방식을 거부하고 결국 급진주의를 막는 보루로서 "우호적인" 독재자들보다 민주정체를 채택한 정부가 훨씬 낫다는 판단(미국이 아직 중동에서는 터득하지 못한 전략적 교훈)을 내렸다.[72]

그러나 또 다른 이유도 있었다. 소련과 이념적 경쟁을 하려면 보다 일관성이 있어야 하고 위선을 자제해야 한다고 여겼기 때문이다. 자유롭지 않은 "자유 진영"이 무슨 의미가 있겠는가? 미국이 체계적으로 자유를 억압하고 때로는 공산주의자들보다 더 잔인한 폭정을 휘두르는 정부를 지지하면서, 동시에 공산주의 국가가 민주적이지 않다고 비판하기는 어려웠다. 따라서 미국은 결국 필리핀, 남한, 칠레에서 오랫동안 지원했던 독재정권에 대한 지지를 철회하고 이집트, 우크라이나, 조지아에서 이미 진행되고 있었던 정치적 격변을 지원했다. 냉전시대 말기에 미국은 자국의 영향력을 이용해 온두라스, 볼리비아, 엘살바도르, 페루, 남한에서 군사 정변을 막았다. 또 미국은 다른 지역에서는 통치자들에게 헌법이 규정한 임기를 넘어서까지 정권을 연장하지 말라고 촉구했다. 이 덕분에 1970년 대부터 1990년대 초까지 내내 세계 전역에서 민주정체가 폭발적으로 증가하는 큰 변화가 일어났다. 정치학자 새뮤얼 헌팅턴은 15년에 걸쳐 미국이 제공한 지원이 "도미니카공화국, 그레나다, 엘살바도르, 과테말라, 온두라스, 우루과이, 페루, 에콰도르, 파나마, 필리핀이 민주정체를 채택하게 되는 데 결정적인 역할"을 했다고 주장한 적이 있다.[73]

결국 그리고 늘 의식적으로 그리하지는 않았을지 몰라도, 미국은 이례적으로 세계에 민주정체가 확산되는 데 기여하는 여건을 조성하는 결과를 초래했다. 1940년대와 1950년대에 마련된 자유주의 세계질서의 토대가 가장 결정적인 기여를 했다. 한때 공격적이었던 일본과 독일의 독재체제가 자유로운 경제, 정치 질서의 중심축으로 변모했다는 사실만도 과거 반세기 동안 민주정체가 폭발하는 데 가장 큰 자극제가 되어왔다. 한때 국수주의가 대결하는 진앙지였던 유럽과 동아시아를 비교적 평화롭고 풍요롭고 안정된 지역으로 바꾸었다. 이 두 지역에 장기간 평화가 지속되면서 민주정체의 가장 큰 걸림돌 하나가 제거되었다. 외부의 공격으로부터 자국을 방어해야 하는 불안감에 끊임없이 시달리는 나라들은 효과적인 방어를 하는 데 훨씬 뛰어난 역량을 발휘하는 강력한 중앙정부를 탄생시킨다. 미래의 독재자들은 자국민의 자유를 제한하는 조치를 정당화할 구실로 외부나 내부의 위협을 지적하면 독재통치를 정당화하기가 쉽다. 근대 세계에서 두 섬나라—미국과 영국—에 가장 먼저 가장 안정적으로 민주정체가 꽃핀 반면, 독일처럼 사방이 잠재적인 적들로 둘러싸인 나라들이나 국경이 분명하지 않거나 방어하기가 불가능한 나라들에서 민주정체가 정착하기가 훨씬 어려운 게 우연이 아니다.[74] 제2차 세계대전 후 수십 년 동안 전체적으로 매우 높은 수준의 안보를 제공함으로써 미국과 미국이 주도하는 자유주의 세계질서는 이 질서가 존재하지 않는 보다 위험한 세계에서는 생존하지 못했을지 모르는 신생 민주국가들에게 완충제 역할을 했다.

세계에서 가장 막강한 나라 자체가 민주정체였다는 사실도 다른 나라들의 행동에 영향을 미쳤다. 자유정부가 탄생한 이후로 자유정부와 독재정부 간의 세계적 힘의 균형은 상대적으로 약한 나라들의 정치적 지향성에 영향을 미쳐왔다. 유럽 대륙에서 오스트리아와 러시아 같은 독재체제 정권이 영국과 프랑스 같은 자유국가들보다 훨씬 큰 영향력을 휘두르던 1848년 유럽에서 일어난 자유혁명은 실패했다. 제1차 세계대전에서 민주정체 동맹국들이 승리한 후 민주정체를 채택한 국가의 수는 증가했다가 1920년대와 1930년대에 미국과 미국의 동맹국들이 철수하고 파시스트 정권이 부상하면서 다시 그 수가 줄었다. 제2차 세계대전 후에 1930년대에 번성했던 파시즘이 자취를 감춘 반면 민주정체와 공산주의가 확산된 것이나, 1970년대 말에 폭발적으로 증가하기 시작한 민주정체 국가들이 냉전 경쟁이 수그러들고 미국을 비롯한 민주정체 국가들이 지배적 세력으로 부상한 1989년 후에 만발하게 된 것은 놀랍지 않다.

미국이 안보를 보장해줄 방법을 모색했거나 미국의 힘에 안보를 의지한 나라들이 소련이나 중국으로부터 지원을 받은 나라들보다 민주정체 국가가 될 가능성이 훨씬 높았다는 사실도 주목할 만하다. 이는 분명히 남한, 대만, 그리고 라틴아메리카의 여러 나라들은 민주정체를 채택한 반면 북한, 중국, 쿠바는 민주정체 국가가 되지 않은 한 가지 이유다. 바르샤바 조약기구 회원국일 당시에는 민주정체가 아니었던 동유럽과 중부 유럽 국가들이 북대서양조약기구에 가입하고 나서 민주정체가 된 이유이기도 하다. 미국의 안보질서에 편입하는 대가로 민주화된 사례들도 있지만, 안보를 보장하는 자유주의 세계질서의 규범을 준수하려는 의지의 발현인 경우가 더 많았다. 북대서양조약기구의 위력은 유럽공동체를 주도하는 민주정체 국가들의 상대적인 번영과 더불어 점점 성공 가도를 달리는 이러한 기구에 합류하려는 유인책이 되었다.

그 결과 1945년 전까지 인류 역사가 밟아온 경로를 급격히 이탈하는 효과를 낳았다. 제2차 세계대전 이전에는 민주정체가 쇠락하고 있었다. 그 이전 5천 년 동안에는 사실상 존재하지도 않았듯이 말이다. 1989년 후 우리는 민주정체를 인류의 자연스러운 진화의 일환으로 여기게 되었지만, 사실은 그렇지 않다. 민주정체가 지난 수십 년 동안 세계 도처에서 유지되어온 까닭은 새로 비옥한 토양에 깊이 뿌리를 내렸기 때문이 아니다. 민주정체가 확산되고 지속된 까닭은 이를 정성들여 가꾸고 뒷받침했기 때문이다. 자유주의 세계질서의 규범을 통해, 국제적인 압력과 이러한 규범을 준수하게 만들 유인책을 통해, 유럽연합과 북대서양조약기구 같은 자유주의적 기구 가입을 의무화함으로써, 세계에서 가장 부유한 지역은 자유주의 세계질서에 합류한 지역이라는 사실 덕분에, 세계 최강대국이 안보를 보장해준 덕분에, 그리고 그 최강대국이 하필 민주국가라는 사실

덕분에 민주정체의 확산과 지속이 가능했다.

04

자유주의
세계질서 바깥에서의 삶:
냉전과 그 종식

LIFE
OUTSIDE THE ORDER:
THE COLD WAR AND ITS END

우 리가 통상적으로 냉전시대라 일컫는 수십 년 동안 일어난 가장 중요한 역사적 전개는 세계무대에서 미국과 소련이 벌인 투쟁이 아니다. 이런 투쟁은 아테네와 스파르타 시대로 거슬러 올라가는 강대국이나 제국들 간의 대결과 크게 다르지 않았다. 역사적으로 전례가 없었던 사건은 자유주의 세계질서의 위력과 도달 범위가 확장되었다는 사실이다. 새로운 자유주의 세계질서는 국제사회에서 국가들 간의 관계를 변모시켰을 뿐만 아니라 각 나라의 국내 정치와 사회도 변모시켰다. 자유주의 세계질서는 이 질서에 합류하지 않은 나라들이 나라 안팎에서 하는 행동에도 영향을 미쳤다. 이 질서 덕분에 소련 지도자들은 개혁을 시행했고 이는 소련 공산주의의 붕괴로 이어졌다. 인류 역사를 통해 강대국 간의 대결은 보통 전쟁으로 귀결되었는데, 자유주의 세계질서의 혁명적인 속성이 냉전을 평화롭게 종식시키는 데 핵심적인 역할을 했다는 사실이 무엇보다도 중요한지도 모른다. 세계적 강대국 간의 대치 상태가 마무리되면서 냉전시대의 갈등이 한창일 때는 대체로 간과되었던 자유주의 세계질서가 얼마나 위력적이고 어느 정도나 성공했는지가 드러났다.

소련이 붕괴되었다는 사실, 그것도 평화로운 방식으로 붕괴되었다는 사실 등 냉전이 종식된 방식에서 필연적인 요소는 전혀 없었다. 1930년대부터 제2차 세계대전 내내 그리고 냉전시대 초기 몇십 년 동안, 소련 공산주의는 국제사회에서 온전히 그 위력을 유지했다. 1930년대 자본주의 민주정체가 25퍼센트 남짓한 실업률을 기록하고 휘청거리면서 많은 사람들이 자본주의의 생존 가능성에 대해 의문을 제기하고 있을 때, 스탈린은 엄청난 재원과 인력을 중공업에 쏟아부어 소련을 성공적으로 산업화하고 있었다.[75] 세계대전으로 이어질 세계적 갈등의 먹구름이 밀려올 당시에 소련은 지정학적으로 전혀 불리한 입장에 놓여 있지도 않았다. 자본주의 국가들은 세계를 장악해 제국을 구축하려고 경쟁하다가 서로를 파멸시키고, 소련은 이 시기를 거치면서 피해를 입겠지만 과거보다 훨씬 강력한 입지를 다지는 나라로 부상하리라고 한 레닌의 예언은 두 차례의 세계대전을 통해 실현되고도 남을 듯이 보였다. 소련 군인들의 용기와 희생으로 나치에 반격을 가한 소련은 표트르 대제가 구축한 제국을 능가하는 동유럽 제국을 장악하게 되었다.

공산주의는 소련 인민들이 체제의 실패로 고통을 받고 있는 와중에도 여전히 전 세계적으로 추종자들을 상당히 끌어모았다. 1918년 이후로 대륙마다 60개 이상의 나라에서 공산당이 등장했다.[76] 스탈린의 전례 없이 잔혹했던 폭정—그는 나치가 최후의 해법을 통해 학살한 사람들보다 더 많은 사람들을 처형과 강제 집단수용 그리고 우크라이나에서의 인위적인 기근을 통해서 학살했다—조차도 폭력과 잔혹함이 규범이었던 시대에 등장했다. 빈곤과 고통으로 망가진 전후 세계에서 공산주의는 막강한 호소력을 발휘했다. 제2차 세계대전 종전 후 유럽에서 열린 첫 선거에서 공산당은 프랑스에서 26퍼센트, 체코슬로바키아에서 38퍼센트, 핀란드에서 24퍼센트, 이탈리아에서 19퍼센트의 지지를 얻었다.[77] 아시아에서는 마오쩌둥이 중국에서 혁명세력을 이끌고 있었고 공산주의자가 주도하는 혁명운동이 베트남, 인도네시아, 버마, 말레이, 그리고 필리핀에서 활발하게 전개되고 있었다.

1946년 초 소련 주재 미국 외교관 조지 F. 케넌은 본국에 비밀리에 보낸

"긴 전문(long telegram)"에서, 전쟁에 기진맥진한 유럽의 제국들이 식민지에서 퇴각하고 독립운동이 여기저기서 일어나게 되면 소련이 힘의 공백을 틈타 "특히 폭력적인 시도"를 통해 "공산주의 소련의 침투"를 강화하고, 독립이 달성될 때 "소련이 조종하는 괴뢰 세력"이 정권을 차지하게 될 것이라고 경고했다.[78] 이러한 예측은 1949년 중국에서 공산주의자들이 승리하고, 이듬해 북한이 스탈린의 승인을 받아 남한을 침공하고, 투철한 마르크스주의자 호찌민이 공산주의 통치하에 남베트남과 북베트남을 통일하려는 노력에 착수하면서 실현되는 듯했다. 1917년 볼세비키 세력은 소수의 혁명가들 가운데도 극소수였고 그 시작이 얼마나 보잘것없었는지 고려해볼 때, 1950년 무렵 소련은 놀라운 성과를 거두었다.[79]

돌이켜 보면, 미국은 냉전 초기에 공산주의가 미국인의 "삶의 방식"에 가하는 위험을 어느 정도 과장했는지도 모른다. 그러나 냉전 후 안락해진 세상에 살면서 이미 냉전의 결과를 다 알게 된 상태에서나 냉전시대 동안 미국이 지녔던 우려에 대해 빈정거리면서 냉전 자체가 "3류 코미디"였다고 선언하는 사치를 누릴 수 있다.[80] 트루먼에서부터 카터까지 미국 정부는 하나도 빠짐없이 소련의 군사력 팽창과 세계 곳곳에서 공산주의가 발호하는 상황에 대해 우려했다. 소련 공산주의 위협에 대한 미국의 인식은 영국의 인식과 크게 다르지 않았다. "공산주의 위험"에 대한 공포와 "전 세계적으로 넘실거리는 공산주의 파고를 견뎌내야 한다."는 결연한 의지가 영국의 제국 전역에 걸쳐 폭발하는 독립운동에 대한 영국의 정책에 영향을 미쳤다.[81] 조지 F. 케넌, 딘 애치슨, 조지 마셜처럼 대체로 쉽게 흔들리지 않고 진중한 인물들조차도, 1945년까지만 해도 소련을 다가오는 위협으로 여기지 않았지만 1946년 무렵이 되자 경고음을 울리기 시작했다.[82] 유럽에서 공산당이 부상하는 모습을 지켜본 미국 국무부 관리들은 유럽 국가들이 대부분 "벼랑 끝에 섰고", "언제든 나락으로 떨어질 수 있다."고 생각했다.[83] 케넌은 "긴 전문"에서 소련 지도자들이 미국과 "미국의 전통적인 삶의 방식"을 파괴하려고 혈안이 되어 있고, 그 어떤 "항구적인 삶의 방식"도 믿지 않는다고 경고했다. "이 세력"에 대처하는 게 "우리 외교가 지금까지 직면한 가장 큰 임무이자 앞으로도 이보다 더 중차대한 임무는 없으리라고 생각된다."[84]라고 했다. 공교롭게도 그 임무를 미국이 맡았고 대체로 효과적으로 임무를 수행했기 때문에, 훗날에 가서야 비로소 일각에서 소련은 애초에 그렇게 대단한 위협이 아니었다고 말할 수 있었다.

당시에조차도 미국 관리들은 소련이 거대하다고 믿지 않았다. 소련 공산주의 체제는 분명히 진정으로 강점이 있긴 하지만 "체제를 붕괴시킬 씨앗"이 체제에 내재되어 있다고 케넌은 날카롭게 꿰뚫어 보았다. 그는 스탈린의 경제적 성공은 신기루이며 소련 인민의 고통을 발판으로 삼았기 때문에 무한정 지속되기가 불가능하다고 간파했다. 자유주의 세계질서의 중추세력인 미국, 서유럽, 일본의 경제 규모를 합해 장기적으로 투쟁하면 소련은 "한참 뒤처지는 나약한 세력"임이 드러나리라고 보았다. 그는 인내심을 갖고 장기간 소련을 봉쇄하는 정책을 실행하면, 소련은 자승자박하게 되고 자국 내부의 모순에 직면하게 된다고 주장했다.

그러나 그러한 투쟁에는 적극적으로 임해야 했다. 전략기획 문서 NSC 68이 훗날 지적했듯이, 소련이 계속 주도권을 쥐고 있고 "명백히 자국보다 우월한 대항세력의 도전에 직면하지 않게 되면" 그러한 취약점은 "성공에 가려진 채로 남게 된다."[85] 케넌은 "서구 세계의 자유로운 체제에 소련이 가하는 압력"은 세계 곳곳에 있는 일련의 "지리적, 정치적 지점들에서 불철주야로 맞대응함으로써" 봉쇄되어야 한다고 주장했다. 케넌은 소련이 "강력한 저항"에 직면한다면, 그들의 적이 "충분한 힘"을 지녔고, 그 적이 "그 힘을 행사할 각오가 되어 있다"는 점을 분명히 한다면 소련은 물러나리라고 믿었다. 미국과 민주국가들이 "인내심을 갖고 장기간 확고하게 러시아의 팽창주의적 성향을 봉쇄하는 정책을 수행하기에 충분한 절제력을 발휘한다면," 그렇게만 된다면—그리고 오로지 그렇게 되어야만— 소련 공산주의에 내재된 모순이 "탈출구를 찾아 드러나게 되어 소련이 해체되든가, 소련의 힘이 서서히 온건해지리라고 보았다.

그러나 봉쇄는 대소련 전략의 일부에 불과했다. 그것은 바로 제2차 세계대전이 끝날 무렵 창안할 때 품었던 본래의 취지대로 자유주의 세계질서를 보호하고 강화한다는, 대소련 전략의 보다 중요한 요소를 위한 전제조건이었다. 소련의 팽창이 봉쇄된다고 해도 모든 것은 "여전히 우리 사회의 건강과 활력"에 좌우된다고 케넌은 주장했다. "자본주의 진영의 병폐"와 민주정체 국가들이 체제의 결함에 대해 지닌 "운명론적 태도와 무관심"이 "공산주의 철학의 토대"를 제공하기 때문이었다. 케넌은 "미국 국민들에게 자신감, 절제력, 사기, 공동체 정신"을 함양하고 다른 나라 국민들에게 "미국이 바라는 그러한 세상이 지닌 긍정적이고 건설적인 모습"을 제시하는 일은 새로운 자유주의 세계질서의 지도자이자 보호자라는 새로운 역할을 맡은 미국에 달렸다고 주장했다. 미국은 자신이 원하는 바를 알고 있고, "세계 강대국으로서의 책임감"과 더불어 국내 문제에도 대처할 역량을 지녔으며, "당대의 주요 이념적 흐름들 속에서 자신의 것을 견지하는 영적인 활력을 지닌 나라로 비춰질 필요가 있었다." 케넌은 미국이 이러한 난관에 직면하게 된 데 감사해야 한다고 믿었다. 그 난관을 헤쳐 나가려면 "스스로 정신을 바짝 차리고 역사가 미국에 부여한 도덕적 책무와 정치적 지도력을 받아들여야 하기 때문이었다. 오늘날 이런 정서를 표명하면, 후쿠야마 같은 유토피아적 결정론자들뿐만 아니라 현시대의 현실주의자들, 그리고 책임과 도덕적 지도력이라는 개념 자체를 거부하는 좌우 진영 인사들이 코웃음을 칠 만큼 미국은 바뀌었다.

소련이 자국이 지닌 약점을 직면하게 만들기까지는 케넌이 바랐던 기간보다 오랜 세월이 필요했다. 그는 15년에서 20년 정도 예상했다. 소련 지도자들이 냉전시대 첫 30년 내내 중요한 지정학적인 성공들을 누렸기 때문인 이유도 있다. 1940년대 말과 1950년대에는 중국에서 공산주의 혁명이 성공했고 북한이 남한을 침략했으며, 소련의 수소폭탄 실험이 성공했고, 수에즈 운하 위기가 일어나고 뒤이어 중동에서 소련의 입지가 강화되었으며, 스푸트니크호의 발사 성공으로 소련의 미사일 기술이 입증되었다. 이러한 성공에 힘입어 소련 지도자들은 자신감을 얻었다. 경제적 문제는 나날이 심각해지고 전략적 환경은 객관적으로도 어려워지고 있었는데도 말이다.

1970년대 중엽 무렵 소련이 브레즈네프하에서 군비를 증강하고 아프리카, 라틴아메리카, 그리고 세계 곳곳에서 입지를 강화하면서 미소 양측 모두 "힘의 상관관계"는 소련 편이라는 인상을 받았다. 같은 기간에 소련의 경제는 사망의 소용돌이에 빠져들고 있었는데 말이다. 소련은 미국의 실패, 특히 베트남에서의 실패로부터 이득을 봤다. 베트남전쟁은 미국에서 분열을 조장했고 닉슨과 그의 국가안보보좌관 헨리 키신저가 봉쇄전략의 보다 대결적인 측면들을 포기하고 데탕트와 화해를 추진해야 한다고 결심하는 계기가 되었다. 이를 소련은 미국이 나약함을 시인한 것으로 해석했다.

1970년대 말과 1980년대 초 미국이 데탕트를 포기하고 미국 정책이 다시 점점 대결적인 성향을 띠면서, 비로소 소련 지도자들은 마침내 자국이 미국뿐만 아니라 보다 일반적으로는 자유주의 세계질서와도 지정학적 경쟁을 지속할 역량이 없을지 모른다고 두려워하게 되었다. 미국은 놀라울 정도로 빠른 속도로 베트남전쟁의 후유증을 극복했다. 미국 군대가 베트남에서 완전히 철수한 지 5년 후에 로널드 레이건을 대통령으로 선출하고 지미 카터 정부하에서 시작된 군비 증강에 1980년대에 박차를 가했다. 소련은 아프가니스탄에서 좌절을 맛본 반면 미국의 레이건은 전략방위구상에 착수했으며, 소련 전략가들은 전략방위구상이 자국의 핵무기를 무용지물로 만들까봐 두려워했고, 이 모두가 소련의 경제 상태에 대해 점점 깊어지던 우려를 한층 심화시켰다. 미하일 고르바초프는 집권하기 전부터 소련이 "분명히 경쟁력을 잃고 있다"고 생각했다.[86] 소련 지도자들은, 그들이 냉전 초기 이후로 가장 적대적이고 공격적이라고 간주하는 미국 정부에 직면하게 되자, 소련이 전략적, 지정학적 대결에서 휴지기를 확보하지 못하면 2000년 무렵 "2등 국가"로 전락하게 된다고 두려워했다.[87] 레이건이 타협을 거부하자, 고르바초프는 소련정치국에 "선택의 여지가

없다. 우리는 이제 능력의 한계에 도달했다."라고 말했다.[88]

과거에 비슷한 여건에 직면했던 강대국들은 무장하고 전쟁 준비를 했고, 아직 시간적 여유가 있을 때 자국의 입지를 유리하게 개선하기 위해 전쟁을 일으키기도 했다. 소련 지도자들은 전쟁할 생각조차 하지 않았다. 생각을 했다고 해도 자국의 입지를 개선하거나 자국의 상대적인 쇠락을 지연시킬 이렇다 할 군사적 선택지가 없었다. 북대서양조약기구가 창설된 이후로 유럽 동맹국에 대한 미국의 입장은 조금도 흔들리지 않았고, 1980년대에 중거리 핵무기를 유럽에 배치함으로써 그 입장은 한층 강화되었다. 미국 핵무기의 위력, 재래식 군사력의 증강, 미국 정부와 국민이 새로이 냉전의 공격적인 실행에 매진하면서 소련의 선택지는 제한되었다. 1941년, 일본은 적어도 미국이 전면전이라는 위험을 감수하느니 차라리 필리핀과 서태평양에서의 입지를 포기할지 모른다는 희망이라도 가질 수 있었다. 1914년, 독일은 영국이 프랑스를 방어하겠다고 나서지 않을지 모른다는 희망이라도 품을 수 있었다. 그러나 1980년대에 유럽의 안보를 보장하겠다는 미국의 입장은 철통같았고 다시 한 번 지리적 환경은 미국에 유리하게 작용했다. 미국은 지리적으로 너무나 멀리 떨어져 있기 때문에 소련이 서유럽 침공에 성공한다고 해도 충돌은 끝나지 않는다. 소련군이 유럽 대륙을 가로질러 진군해 들어간다 해도, 소련의 가장 막강한 적은 전쟁의 영향을 조금도 받지 않고 대양을 장악한 상태에서 훨씬 방대한 경제적, 산업적 역량을 지닌 채 아시아 동맹국들을 동원할 수 있었다. 소련 지도자들에게는 딱 두 가지 선택지밖에 없었다. 지금까지 해오던 대로 계속하든가, 아니면 국내적으로 상당한 개혁을 실행해 경제를 회생시키고 경쟁할 입지를 개선하거나 형평성 있는 휴전을 모색하는 방법이었다.

40년에 걸쳐 대단한 성공을 거둔 자유주의 세계질서는 소련의 전략적 계산에 중요한 역할을 했다. 스탈린과 니키타 흐루쇼프 집권 시절, 소련은 경제 상태가 악화되었지만 자본주의 국가들과 비교해서 그다지 나쁘지 않았다. 그러나 1970년대 무렵 독일, 서유럽, 일본의 경제가 놀라울 정도로 되살아나면서 소련 경제체제와 극명히 대조되었다. 1980년대 무렵 소련과 그 위성국가들의 상대적인 경제적 입지는 라틴아메리카의 경제적 입지와 맞먹었다. 소련 동구권의 1인당 국민총생산은 선진자본주의 진영의 1인당 국민총생산의 10분의 1로 하락했다.[89] 소련은 늘 자국의 수준이 자유 진영의 기준에 상응한다고 주장해온 점으로 미루어볼 때, 그리고 스탈린과 흐루쇼프가 각종 경제 부문에서 미국을 추월하겠다고 공약한 사실로 미루어볼 때, 이러한 현실은 소련의 사기를 꺾기에 충분했다. 소련 체제는 자국 나름의 기준으로 볼 때도 실패하고 있었다.[90] 어느 독일 역사학자가 지적했듯이, "소련 동구권의 함몰은 10월 혁명의 지도자들이 러시아에 강요했고, 그 이후로도 세계 도처의 공산주의자들이 수 세대에 걸쳐 신봉해온 망상이자 자기기만이 뒤늦게 깨진 것이었다.[91] 1990년 권좌에서 물러난 불가리아의 지도자는 "다시 기회가 주어진다면 나는 공산주의자가 되지 않을 것이다. 그리고 레닌이 지금 살아 있다면 그도 똑같은 발언을 할 게 틀림없다. …사회주의의 토대는 틀렸다."라고 말했다.[92] 고르바초프와 그의 그룹은 외교정책 자문 아나톨리 체르니예프(Anatoly Chernyaev) 말마따나, 러시아가 "고립에서 탈피해 문명의 일반적 흐름에 동참"해야 한다고 확신하게 되었다.[93]

이 발언 자체가 세계가 얼마나 변했고 자유주의 세계질서의 성공이 적어도 일부 소련 지도자들의 인식에 얼마나 영향을 주었는지를 보여준다. 1945년 이전에는 "문명의 일반적 흐름"에 합류하자고 말할 엄두를 낼 만한 소련 지도자는 없었다. 예컨대, 1938년에 그런 발언을 했다면 어떤 뜻이었을까? 1980년대 무렵, 문명의 흐름은 자유주의 세계질서를 뜻했다. 규정을 토대로 한 자유무역 경제체제, 시장경제, 복지국가, 자유롭고 인도주의적인 규범, 미국의 힘과 자발적인 동맹체제가 뒷받침하는 일반적인 평화와 안정을 뜻했다.

냉전이 막바지에 다다르면서 가장 먼저 폐기해야 할 대상이 소련 동맹체제였다. 1989년 베를린 장벽의 붕괴는 소련 체제의 붕괴를 상징했고, 자유주의 세계질서가 국제관계의 속성 자체를 성공적으로 바꾸었다는 의미였다. 공교롭게도 소련은, 급진적인 이념을 추구했음에도 불구하고, 기존의 매우 전통적인 형태의 지정학적 전략을 실천했다. 소련은 전통적인 제국처럼 동유럽을 통치했다. 바르샤바 조약에서 자발적인 요소는 전혀 없었다. 외교정책도 국내 정치 구조도 위성국가 마음대로 결정하지 못했다. 제2차 세계대전 후 스탈린은 "어떤 나라든 자국의 군사력이 도달하는 범위까지 자국의 체제를 강요한다."라고 선언했는데, 역사적으로 엄밀히 따지면 그가 옳았다.[94] 늘 그래왔다. 동유럽과 중부 유럽 사람들은 처음부터 소련의 지배에 저항했다. 동독에서 서독으로 탈출한 난민만도 한 해 평균 수십 만 명에 달했고, 1961년에 베를린 장벽이 구축되고 나서야 탈출의 흐름이 끊겼으며, 소련은 동독, 헝가리, 체코슬로바키아에서 개혁과 자치를 요구하는 운동을 탄압하기 위해 무력을 동원해야 했다. 그러나

1945년 이전의 세계 기준에 비추어볼 때, 그리고 확실히 러시아의 기준에 비추어 봐도 이는 정상이었다. 키신저 외 다수의 현실주의자들이 찬양하는 19세기의 이른바 "베스트팔렌 질서"의 정점에서 메테르니히의 오스트리아는 국경 너머로 군대를 출정시켜 이탈리아에서 일어난 자유혁명을 탄압하고 이웃한 독일 도시국가들의 자유운동을 억압했다. 프랑스에서 복고된 부르봉 왕조는 군대를 파견해 스페인에서 일어난 반군주 봉기를 진압했다. 그리고 러시아 제국군은 폴란드에서 일어난 저항을 탄압했다. 18세기에 접어들면서 폴란드는 러시아 등 여러 나라에 의해 적어도 여섯 차례 분할되었고, 1939년 마지막으로 스탈린과 히틀러가 나누어 가졌다. 1945년 이전의 세계에서는 이 가운데 그 어떤 사건도 이례적이라고 간주되지 않았다. 19세기와 20세기 초 자유주의적 성향을 지닌 일부 사람들은 반감을 보였을지도 모르지만 말이다.

그러나 제2차 세계대전 후 구축된 자유주의 세계질서하에서 소련의 행동은 잔혹할 뿐만 아니라 시대착오적으로 보였다. 동구권 사람들은 철의 장막 저편에서는 누구도 탈출하려 하지 않으며, 아무도 침략당하지 않는다는 사실을 깨닫게 되었다. 장막 전편의 동맹관계는 자발적이었고 아무도 강요하지 않았다. 소련은 더 이상 정상적이지 않은 세상에서 정상적으로 행동하고 있었다. 1960년대 말 무렵 레오니트 브레즈네프가 사회주의 동맹 국가들의 이탈을 막기 위해 소련이 군사력을 사용할 권리가 있다고 천명했을 때조차도, 소련 고위관리들조차 개혁과 자치를 요구하는 봉기를 진압하려고 끊임없이 개입하는 조치와 이런 조치가 소련 공산주의의 매력에 대해 시사하는 바가 무엇인지에 대해 당혹스러워하기 시작했다.

따라서 소련의 마지막 지도자 미하일 고르바초프가 냉전을 해결하고 나라 안으로 필요한 개혁을 시행하려는 노력의 일환으로서 동유럽과 중부 유럽 국가들이 소련의 통제에서 벗어나도록 허락하고, 그의 후임인 보리스 옐친은 우크라이나를 비롯해 다른 소련 공화국들까지 독립하도록 내버려두었다는 사실은 놀랍지 않다.[95] 냉전이 막바지에 접어들면서 양 진영 동맹국들의 반응은 더할 나위 없이 극명한 대조를 이루었다. 미국의 동맹국들은 미국이 유럽에서 군사력을 철수할까봐 걱정했다. 바르샤바 조약 회원국들은 소련의 손아귀에서 빨리 벗어나기를 학수고대했다.

냉전 종식을 논할 때 종종 간과되는 점은, 고르바초프가 그러한 극적인 조치를 취해도 안전하리라고 생각하지 않았다면 그런 조치를 취하지 않았을지 모른다는 점이다. 고르바초프의 대변인이자 전기 작가인 안드레이 그라체프(Andrei Grachev)에 따르면, 고르바초프는 서구로부터의 위협에 대한 소련의 선전선동을 거부했다. 레이건 정권하에서조차 고르바초프는 미국이 "소련을 공격하거나 침략할 준비를 하고 있다"고 믿지 않았다.[96] 분명히 이는 고르바초프만의 인식은 아니었다. 1980년대 말 바르샤바 조약 회원국들이 이탈했지만 소련 정치국은 뭐라고 할 말이 없었다. 소련은 폴란드, 헝가리, 체코슬로바키아 등 여러 나라들이 이탈하지 못하도록 막으려는 조치를 전혀 취하지 않았을 뿐만 아니라, 고르바초프의 정적들을 포함해서 소련의 고위관리들 가운데 아무도 어떤 조치든 취해야 한다고 주장하지 않았다. 그들은 어쩌면 동구권의 이탈을 막기가 너무 어렵고 위험하다고 생각했는지도 모르지만, 그들이 이탈하도록 내버려둬도 안전하리라고, 한때 핵심적인 전략적 완충지대였던 이 지역이 해체되어도 자국의 기본적인 안보가 위험에 빠지지 않으리라고 생각했던 게 틀림없다.

역사적으로 가장 위협적인 대상이었던 독일에서 일어난 변화가 한 가지 중요한 이유였다. 20세기 초반 독일 정권은 30년이 채 못 되는 기간 동안 러시아를 두 차례 침공했고, 중부와 동부 유럽의 장악을 둘러싸고 튜턴(Teuton) 민족(기원전 4세기경부터 유럽 중부에 살던 민족으로 지금의 독일, 네덜란드, 스칸디나비아 등지의 유럽 민족—옮긴이)과 슬라브(Slav) 민족이 벌인 갈등은 수 세기 전으로 거슬러 올라간다. 1945년 이후 그러한 위협은 제거되었고 40년 후 독일이 북대서양조약기구에 묶이면서 소련은 안심하고 독일에 대한 경계심을 늦추었으며, 바르샤바조약기구가 해체되도록 내버려두어도 러시아가 공격에 노출되지 않으리라고 생각할 여유가 생겼다. 결국 고르바초프와 소련은 독립적이고 중립적이기까지 한 통일 독일보다 북대서양조약기구에 소속된 통일 독일을 선호했다. 고르바초프가 미국 국무장관 제임스 베이커에게 말했듯이, "우리는 독일이 스스로를 무장할 수 있었던 베르사유 조약이 재현되는 광경을 보고 싶지 않다. …독일이 무장하는 과정을 억제할 최선의 방법은 독일을 유럽의 구조 내에 묶어두는 방법이다."[97] 많은 독일인들이 자국과 동구권의 관계가 우호적으로 변했다고 생각하고 있고, 이는 어느 정도는 사실이기도 하지만, 부유하고 무장한 통일 독일이 아무리 우호적이라고 해도 독일의 독자적인 지정학적 야심을 억제하는 동맹에 얽매어 있지 않았다면 러시아는 안전하다고 느끼지 못했을지 모른다.

자유주의 세계질서가 지닌 이러한 면을 비롯해 여러 가지 측면들 덕분에 고르바초프가 그러한 위험을 감수하기가 훨씬 쉬웠다. 서로 경쟁하는 정상적인 다극체제 세계에서 지정학적 경쟁을 종식시키고 선제적으로 제국을 해체하면 독자적인 국가로서의 지속은 말할 필요도 없고 한 나라의 생존 자체를 위험에 처하게 하는 셈이었다. 그러나 미국이 구축한 세계에서는 경쟁에서 진 강대국이라도 생존 가능하고 심지어 번성할 가능성도 있었다. 독일과 일본이 해냈고, 프랑스와 영국을 비롯해 유럽의 국가들도 해냈다. 그들은 모두 안보, 번영, 진보를 위해 역사적인 지정학적 야망을 포기했다. 대부분의 영국인들은 수 세기 동안 유지되어온 대영 제국을 영국 국민의 정체성처럼 여겼고, 제국을 잃은 여파는 오늘날까지도 느껴진다. 그러나 영국인들은 대영 제국을 기꺼이 포기했다는 데 자부심도 느낀다. 영국의 한 역사학자 말마따나, "문명인답게 탈제국 시대의 역할을 받아들인 게 1945년 이후 영국 역사에서 가장 길이 남을 승리였다."[98] 고르바초프와 옐친도 지정학적 경쟁으로부터 벗어나 자국의 경제적, 정치적 건전성을 개선하는 데 집중하고, 러시아 국민의 생활수준을 서방 진영 이웃나라들의 생활수준에 버금가게 향상시키고 싶어 했다. 그러기 위해서 제국이 필요하지는 않았다.

이를 가능케 한 이례적인 여러 가지 여건들이 있지만, 냉전의 평화로운 종식은 역사상 가장 필연적이지 않은 사건으로 손꼽힌다. 그러나 역사적 사건에 대한 우리의 태도가 으레 그러하듯이 이를 불가피한 사건이라고 간주하게 되었다. 역사학자와 정치학자들은 이제 냉전에 대해 그처럼 호들갑을 떨 이유가 거의 없었다고 주장한다. 그들은 냉전시대 동안 소련이 비교적 수동적이었다는 점과 소련이 서유럽을 침공한 적이 없고 제2차 세계대전 당시 장악한 영토를 벗어나 팽창한 적도 없다는 점을 지적한다. 소련은 라틴아메리카, 아프리카, 중동, 동남아시아에서 영향력을 확보하려고 했지만 결국 실패했다. 한 정치학자는 소련이 더 팽창하도록 내버려 두었어야 한다고까지 주장했다. 팽창하느라 약해지고 재원을 낭비했으리라는 이유에서다.

그러나 소련이 미국이 예상했던 정도보다 훨씬 신중하고 자제력 있는 행동을 보였다면, 이는 자제력이 소련에 내재되어 있어서가 아니라 지정학적 현실, 즉 미국이 구축한 자유주의 세계질서의 힘 때문이었다. 미국의 봉쇄전략으로 소련의 팽창주의가 어느 정도 억제되었거나, 팽창이 성공하려면 어마어마한 대가를 치러야 하게 만들었다. 냉전 초기에 거침없었던 스탈린이라면 이 같은 자제력을 발휘했을까? 전혀 다른 여러 가지 상황들과 세계에 대한 미국의 전혀 다른 접근 방식에 직면했다면, 소련은 여느 강대국과 마찬가지로 달리 행동했을지 모른다. 온 사방으로부터 "힘의 대결"과 "대항 세력"에 직면하지 않았다면 소련은 더욱 강하고, 더욱 영향력 있고, 더욱 팽창주의적인 태도를 보였을지 모른다. 소련 지도자들이 자유주의 세계질서가 이룬 경제 기적을 목격하지 않았다면, 그리고 첨단무기 경쟁에서 미국과 그 동맹국들이 소련보다 더 많은 투자를 하고 혁신에서 앞서갈까봐 두려워하지 않았다면, 그들은 궁극적으로 체제를 무너뜨린, 정권에 위협적인 위험한 개방정책을 취하지 않고 계속해서 체제의 지엽적인 약점만 보완해도 되겠다고 생각했을지도 모른다. 미국과 동맹국들이 자유주의 세계질서하에서 공유하는 이익을 바탕으로 똘똘 뭉치지 않았다면, 소련은 갈등 요소를 포착해 자국에 유리하게 이용했을지도 모른다. 마지막으로 고르바초프가 전략적 경쟁을 중단해도 안전하다고 생각하지 않았다면, 그리고 소련 지도자들이 자국의 기본적 안보를 자유 진영이 위협한다고 여기지 않았다면, 그들은 패배하지 않고 기선을 제압하려고 갈등을 조장하는 전략으로 눈을 돌리든가 적어도 자국을 영원히 뒤처지게 한 평화적 종전을 받아들이지 않으려 했을지 모른다.

결국 소련 공산주의의 위협은 케넌이 예상한 대로 관리 가능한 것으로 드러났지만, 그 이유는 소련이 진정한 위협이었던 적이 없었기 때문은 아니다. 미국이 자유주의 세계질서를 구축하고 수호하는 대전략을 추구함으로써 소련의 야망을 봉쇄하고, 경제체제로서, 사회로서, 세계적 강대국으로서 소련이 지닌 약점들을 노출시켰기 때문이다.

그러한 전략은 오늘날 중국과 러시아가 도전을 제기하는 상황에서 미국이 그에 맞서기 위해 이용할 만한 가치가 있다고 생각할지도 모르겠다. 미국이 그 비용을 치를 의향이 있다면 말이다.

이는 사실상 그 무엇보다도 의지와 결의의 문제다.

성공의
값비싼
대가

THE STEEP PRICE
OF
SUCCESS

이 처럼 성공하기 위해 치러야 한 대가는 어마어마했다. 전후 시대에 미국 관리들은 이 과업을 완수하기가 쉽지 않다는 사실을 직시하고 있었다. 월터 리프먼은 봉쇄전략을 "전략적 괴물"이라 일컬었다. 미국이 감당하지 못할 일이라고 여겼기 때문이다.[99] 미국은 세계를 상대로 그런 방대한 책임을 수십 년에 걸쳐 지속적으로 맡은 적은 고사하고 그런 역할 자체를 맡아본 적이 없었다. 자유주의 세계질서를 수호하려면 승리가 목적인 전쟁이 아니라 쉽게 가늠하기 어려운 목표들—안정, 번영, 진보, 자유주의—을 달성하기 위한 전쟁을 수행해야 했다. 다른 나라 국민들을 패배시키는 대신 지원하고, 성장할 수단을 제공하고 보호해 자립시켰다. 때로는 전향시켜야 하는 경우도 있었다. 처음에는 전향이 강요로 시작되었다고 해도 전향한 상태가 지속되려면 전향이 자발적이어야 했다. 독일처럼 말이다. 따라서 자유주의 세계질서를 수호하고 관리하는 일은 본질적으로 어려웠다. 우선 종착점이 없었다. 밀림을 다듬어 정원으로 가꾸는 일은 끝이 없는 업무다. 자유주의, 번영, 안정은 습관과 역사와 인간의 본성이라는 쉽게 변하지 않는 요소들이 끊임없이 잠식하고 훼손한다. 아무리 좋은 의도로 정책들을 만들어도, 인간이라면 누구나 지닌 공통적인 결함—모든 인간의 행동에 내재된 통찰력과 예지력 결여, 이기심과 치기—앞에서 실패하고 만다. 그 결과 실패를 거듭하고 절망하고 환멸을 느끼게 된다. 냉전도 그러한 특성을 보였다고 생각하는 이들도 있다. 편집증적 공포심과 도덕적 타협, 과잉반응과 오판, 실패와 어리석음이 한데 뒤엉킨 재앙이었다고 말이다.

미국은 그처럼 막강한 권력을 휘두르는 데서 비롯되는 복잡한 도덕적 문제에 익숙하지도 않았다. 미국은 아무리 명분이 좋아도 권력을 휘두르면서 고결하기를 바라는 게 불가능하다는 비극적인 현실을 결코 받아들이지 못했다. 미국은 자국이 선한 편이라고 믿고 싶었지만 권력은 권력이고 살해는 살해다. 아무리 목적이 숭고하다고 해도 말이다. 어떤 전쟁이든 무고한 인명이 희생되고 끔찍한 실수 때문에 용감한 군인들이 목숨을 잃게 되며, 철저히 단련된 군대도 만행을 범하게 된다. 미국이 히틀러와 일본 제국에 맞서 정의로운 전쟁을 수행한다고 생각해도 이는 드레스덴이나 히로시마에서 잿더미가 된 민간인들에게는 소용이 없다. 무엇이 그런 참상을 정당화했나? 그 어떤 갈등의 당사자도 진실과 정의를 독점하지는 못한다. 선한 명분에도 이기적이고 타락한 측면이 있고 적도 적 나름의 사연이 있으며, 자기들의 행동을 정당화할 고충들이 줄줄이 이어진다. 미국은 제1차 세계대전 후에 베르사유 전후 보상에 승전국의 영토 획득이 포함되었고, 훗날 공개된 문서에서 미국이 알고 있었던 것보다 훨씬 복잡한 전쟁의 원인이 드러나자 충격을 받았다. 냉전시대 동안 미국이 지원한 국민과 정부들은 미국이 적대시하는 나라보다 나을 게 없는 경우도 있었다. 작가 존 르 카레의 소설에 등장하는 인물의 말마따나 "절반의 천사"와 "절반의 악마" 간의 투쟁이었다.[100] 권력을 휘두르면 치러야 하는 대가는 바로 이러한 복잡한 중간지대에 들어서는 일이다. 국제적 "책임"을 떠맡으면서 미국은 라인홀드 니버가 일컬은 "무책임의 순수성(innocency of irresponsibility)"을 잃었다.[101]

미국이 베트남보다 물질적으로나 영적으로 큰 대가를 치른 곳은 없었다. 미국이 오랜 기간 고통을 치른 베트남 개입은 영리하고 궁극적으로 성공적인 전략도 비극적인 실패를 낳을 수 있다는 사실을 증명했다. 훗날 데이비드 할버스탬 같은 이들이 비판했듯이, 베트남전쟁은 분명히 봉쇄전략의 산물이었다. 베트남전쟁은 실수로 판명되었을지 모르지만 봉쇄전략을 잘못 적용한 결과는 아니었다. 트루먼 행정부부터 계속 미국 지도자들은 베트남에서 일어나는 일은 폭력적인 공산주의 팽창정책의 일환이라고 믿었다. 케넌이 예언한 대로 반식민지 민족해방운동을 공산주의 혁명으로 전환시키려는 것이었다. 1965년까지는 할버스탬조차도 〈뉴욕타임스〉와 〈워싱턴포스트〉 논설위원들, 그리고 양당 의원들과 더불어 미국이 북베트남의 공세에 맞서는 남베트남을 도와서 북베트남의 승리를 뒤이을 소련 유형의 폭정으로부터 보호하는 게 옳고 반드시 필요한 일이라고 믿었다.

이러한 기본적인 전제들 가운데 딱히 틀린 것은 없었다. 베트남전쟁이 끝나고 20년이 지나 〈워싱턴포스트〉는 한 사설에서, 그 무렵 대부분의 미국인들이 잊고 있었던 사실을 상기시켜주었다. 냉전시대에 "공산주의가 진군하고 있다"는 사실은 "오해"도 아니었고, "자유 진영에 대해 위협"을 가한다는 사실도 오해가 아니었으며, 남베트남은 외부의 공산주의 정권이 무력으로 접수하려는 위험에 직면해 있었으므로 불가피하게 대결의 장이 되었다.[102] 냉전시대 동안과 종전 후 미국이 개입한 수많은 사례와 마찬가지로, 베트남전쟁은 승리하거나 정복하려는 전쟁이 아니라, 한 장군의 말마따나 "최소한의 파괴로 안정을" 회복해 사회와 합법적 정부가 정의와 질서를 유지하는 환경을 존속시키는 게 목표였다.[103] 이는 미국 군인들을 파병해 목숨을 걸 만한 가치가 있는 숭고한 목표였지만, 이러한 목표는 미국이 유럽과 일본 또는 한국에서 추구한 목표와 질적으로 다르지 않았다.

미국이 베트남에서 성공할 수도 있었을까? 자주국방과 번영이 가능한 독립적인 남베트남 탄생이 성공이라고 한다면, 이 질문에 대한 답은 분명히 불가능하다이다. 유일하게 가능했을 "성공"을 실현하려면 미국이 독일, 일본, 한국에서 한 일을 했었어야 한다. 즉 남베트남을 보호해줄 필요가 없어질 때까지 어쩌면 무기한 보호해주어야 했다. 이 나라들이 냉전시대를 승리로 이끈 자유주의 세계질서의 중추적 성공 사례들이고, 70년이 지난 지금도 여전히 미군이 주둔하고 있는 나라들이다. 그러나 베트남전쟁 첫 4년 동안 전략적 오판을 비롯해 여러 가지 이유로 인해 미국은 독일, 일본, 한국에서 실행한 똑같은 정책을 베트남에서도 실행하는 데 관심이 없었다.

베트남전쟁은 극복하기 어려운 후유증을 낳았다. 봉쇄정책과 미국의 국제적 역할을 지지하는 합의가 잠시나마 깨졌다. 베트남전쟁을 비판한 많은 이들이 반전으로 돌아섰을 뿐만 아니라 봉쇄정책과 제2차 세계대전 후 미국의 외교정책이 그려온 궤적 전체를 거부했다. 베트남전쟁은 미국 외교정책의 정당성과 도덕성에 대한 의구심을 불러일으켰을 뿐만 아니라 민주정체, 자본주의, 자유주의 자체에 대한 의구심도 낳았다. 베트남전쟁이 심리적으로 미국에 미친 효과는 그로부터 30년 후에 발발한 이라크전쟁이 미친 효과와 비슷했다. 베트남전쟁의 효과가 더 극적이긴 했지만 말이다. 훗날 냉전 이후 미국의 외교정책에 쏟아지게 될 비난은 대부분 베트남전쟁 동안과 그 이후에 쏟아진 비판의 복사판이었다. 세계를 변모시키겠다는 무모하고 도달 불가능한 과업에 착수한 이념론자들이 미국을 이끌었다는 비판이다. 이러한 이상주의를 제어하지 않는다면, 결국 미국이 파괴되거나 세계가 파괴되는 결과로 이어진다는 비판이다. 미국이 쇠락하고 있다는 비판, 미국이 자본가들의 이익을 위해 민족해방운동에 맞서 끊임없이 전쟁을 벌이는 탐욕스럽고 잔인한 제국이 되었거나 늘 그래왔다는 비판이다. 미국이 자제심과 겸손하고 온건한 태도를 보이고, 힘은 한계가 있다는 사실을 인식하고 세계를 자국이 바라는 대로가 아니라 있는 그대로 받아들여야 한다는 비판이다. 1968년 노엄 촘스키는 미국이 "세계에서 가장 공격적인 나라, 평화와 민족자결과 국제협력에 가장 큰 위협이 되었다."라고 말했다.[104]

헨리 키신저조차도 미국의 냉전시대 전략에 대해 일정 부분 불만을 표시했다. 키신저는 소련이 자체적 모순으로 붕괴하리라고 믿지 않았다. 그는 미국이 소련과 어쩌면 영원히 공존할 수도 있다는 현실을 직시하는 법을 배워야 하고, 자국의 힘은 한계가 있으며, 심지어 쇠락이 불가피하다는 점을 받아들여야 한다고 주장했다. 그는 애치슨과 트루먼처럼 냉전을 적극적으로 수행해야 한다는 이들을 질타하면서, 이는 핵전쟁으로 이어진다고 경고했다. 1970년대 중엽, 키신저는 봉쇄전략이 "소련을 변모시킬 것"이라는 이론은 유감스럽게도 오판으로 판명되었다고 선언했다. 소련은 오히려 더 강해졌고 변화를 요구하는 외부의 압력에 끄떡도 하지 않았다.[105] 전략적 우위를 추구하고 소련에 압력을 가하려는 트루먼과 애치슨의 전략은 소용없고 위험하다고 했다. 미국은 "공존의 엄연한 현실"에 적응해야 한다고 했다.[106] 일찍이 1968년, 키신저는 세계가 빠르게 다극

체제를 향해 가고 있다고 믿었고 이를 환영했다. 19세기 초 유럽의 힘의 균형의 역사를 저술한 유명한 저자인 그는 다극체제에 따른 힘의 균형이 미국이 지배하는 질서보다 훨씬 정의롭고 안정적이며, 후자의 경우는 아무튼 더 이상 가능하지 않다고 믿었다. 1972년 닉슨이 말한 바와 같이, 한 나라가 지나치게 많은 힘을 가지면 바람직하지 않았다. "강하고 건강한 미국, 유럽, 소련, 중국, 일본이 서로 힘의 균형을 이루면 보다 안전하고 보다 바람직한 세계가 된다."[107] 키신저는 중국인들에게 전후에 미국이 동아시아에 구축한 구조는 해체되리라고 장담하기까지 했다. 키신저는 저우언라이에게 주한미군은 "미국 외교의 항구적인 요소"가 아니라고 했다. 미국은 일본에 대해 "극도로 순진한" 생각을 지니고 있고 "일본을 경제적으로 성공하게 해준 데" 대해 후회하고 있다고 했다. 대만 문제는 사라지게 될 거라고도 했다. 일단 미국과 중국이 합의에 도달하면 미국은 "기본적인 사태의 진전을 방해하지는 않겠다."고 말했다.[108]

그러나 절망적인 순간도 있었고, 패착을 두어 실패하고 전쟁의 고통을 겪고 핵전쟁의 두려움과 사회적 분열 그리고 수많은 비판과 당파적인 갈등을 겪기도 했지만, 그 와중에도 정확히 케넌이 예언한 대로 냉전은 평화롭게 막을 내렸다. 봉쇄전략의 성공은 그 전략이 실행된 40년 동안 저지른 시행착오의 그늘에 가려졌고 오늘날에도 여전히 가려 있다. 그러나 소련의 팽창을 막았고 자유주의 세계질서의 핵심적 요소는 냉전을 견뎌내고 번성했으며, 소련 지도자들은 자국 체제의 결함에 직면할 수밖에 없었다. 이 모든 결과를 낳기까지 미국의 힘은 결정적인 역할을 했다.

미국이 다른 전략—본국으로 완전히 철수하고, 다극체제를 받아들이고, 국제법과 국제기구를 신뢰하는 전략—을 선택했다면 역사는 다른 방향으로 흘러갔을지 모른다. 미국은 공산주의에 대한 두려움 때문에 동기가 유발되어 부지불식간에 기적을 일으켰다. 미국의 냉전 정책에 대한 비판자들은 시행착오, 편집증적 공포심과 오판, 군사력에의 과도한 의존, 상대방의 입장을 수용하는 태도의 결여, 한계를 받아들이고 세계를 "있는 그대로" 받아들이지 못한 태도 때문에 대파국(Armageddon)이 오거나, 과도한 제국적 팽창으로 미국이 붕괴되거나 미국의 민주정체가 훼손될 것이라고 예측했다. 그런데 오히려 전례 없이 평화롭고 풍요로운 시대로 이어졌다.

그런 온갖 대가를 치르지 않고 실패도 하지 않고, 베트남전쟁과 피그만 사태와 매카시즘과 냉전시대에 미국과 연관된 온갖 시행착오와 악행 없이도 이런 놀라운 성공을 거둘 수 있었을까? 그야 모를 일이다. 물론 우리는 그럴 수 있었다고 생각하고 싶어 하지만 말이다. 그러나 성공 못지않게 실패도 인간의 경험의 일부이고 성공적인 전략에도 시행착오와 재앙이 수반되며, 가장 가능성이 낮았던 긍정적 결과에도 부정적인 측면이 있는 현실 세계에서 미국이 치른 대가는 불가피했을지도 모른다는 점을 인식해야 한다. 봉쇄전략과 자유주의 세계질서를 유지하는 대전략으로 인해 미국은 베트남전쟁에 휘말렸다. 그러나 그러한 전략 덕분에 대개는 전쟁으로 귀결되었을지도 모르는, 이 경우에는 핵전쟁으로 귀결되었을지도 모르는 세계적인 대결이 평화롭게 막을 내렸다.

06

"신세계질서"

THE
"NEW WORLD ORDER"

소 련 공산주의가 붕괴된 후 등장한 세계는 역사상 그 유래를 찾아보기 힘든 세계였다. 1990년대 말 무렵 대부분의 유럽, 아시아, 라틴아메리카, 아프리카 대부분 지역까지 확장된 자유주의 세계질서하에서는 지경학(geoeconomics)이 지정학(geopolitics)을 대체했다. 이 질서하에서 강대국들 사이에는 무기 경쟁도, 국경에 대치하는 군대도 없었고, 무역과 금융체제는 비교적 개방적이었으며, 대부분의 나라들이 역사적으로 전례 없는 풍요와 자유를 누렸다. 이는 유럽연합으로 상징되는 세계였다. 세계에 수많은 갈등을 초래한 낡은 민족주의를 새로운 범유럽적인 정체성 안에 녹이는—유럽 계몽주의 사상가들이 오래전부터 꿈꾸어온—"탈역사적" 기구였다. 한때 오로지 경쟁만 존재했지만 이제 협력이 꽃피었다. 한때 부족주의가 만연했던 곳에 사해동포주의가 꽃피었다. 한때 국가들이 경제물자를 확보하기 위해 싸웠지만 이제 상호 의존을 통해 결속하게 되었다.

이게 바로 봉쇄전략의 방패 뒤에서 진화한 세계질서였다. 이를 "신세계질서"라고 부르는 이들도 있었지만 이는 새로울 게 없었다. 이는 1945년 후 구축된 세계질서였다. 다만 자유주의적 유럽이 확장됐고 소련을 대신한 러시아가 힘이 약해졌을 뿐이었다. 세계의 근본적인 윤곽은 변하지 않았다. 여전히 일본, 독일, 영국과 프랑스, 러시아, 중국이 있었다. 미국은 여전히 지리적 이점과 부를 누렸다. 많은 이들이 이를 "일극" 세계라고 선언했지만 미국의 역할은 크게 바뀌지 않았다. 사람들은 이 질서가 본래 소련에 대한 대응으로서가 아니라 어떤 특정한 위협을 초월하는 국제적, 인간적 현실에 대한 대응으로서 창안되었고, 이러한 현실이 여전히 존재

114

한다는 사실을 잊었다. 평화와 진보는 미국이 세계에서 전략적으로 가장 중요한 지역에서 지정학적 경쟁을 봉쇄하고 억눌렀기 때문에, 그리고 유럽 열강과 아시아 열강들이 서로 평화로운 관계를 유지하게 하는 한편 강대국들 간에 안보를 보장했기 때문에 가능했다. 냉전이 평화롭게 막을 내린 이유는 단순히 한 강대국, 러시아가 다른 나라들에 비해 상대적으로 약해졌기 때문이 아니다. 아시아 국가들은 여전히 일본이 힘을 되찾지 못하게 하고 중국이 부상하지 못하도록 할 뿐만 아니라 북한이 핵무기를 보유하지 못하게 할 보장을 필요로 했다. 러시아는 여전히 평화를 깰 역량과 영향력이 있었다. 따라서 유럽에서조차, 역사학자 게일 룬데스타드의 말마따나, "미국의 역할은 놀랍게도 거의 변하지 않았다."[109] 미군에게 철수하라는 요구도 없었고, 오히려 미군이 정치적, 경제적, 군사적으로 계속 유럽에 철저히 관여하도록 하려는 조바심이 만연했다. 북대서양조약기구는 지속되었을 뿐만 아니라 유럽의 강대국들은 예전보다 더욱 이 기구에 매달렸고, 바르샤바조약기구를 탈퇴한 나라들이 앞다퉈 이 기구에 합류했다. 1991년 독일이 통일되자 독일은 북대서양조약기구에 잔류하겠다고 약속하고, 미군은 독일에 계속 주둔하겠다고 약속하면서 이웃나라들을 진정시켰다. 때로는 이 기구가 미국이 패권을 유지하려는 수단이라고 간주한 프랑스조차도 이 동맹기구 내에서 보다 긴밀한 통합을 모색했다.

다른 "초강대국(superpower)"이 붕괴되면서 "일시적인 일극체제의 순간"이 형성되자, 고압적이고 "패권을 추구하는" "오만한" 미국이 다른 나라들 위에 군림하지 않을까 하는 우려가 제기되었다. 한 프랑스 외교장관이 1990년대에 미국을 "초초강대국(hyperpower)"이라고 일컬었듯이 말이다. 그러나 이는 대체로 기우로 끝났다. 미국은 냉전시대 내내 그만하면 충분히 오만하고 고압적이었다.[110] 소련이 붕괴된 후에도 크게 다르지 않았다. 게다가 미국이—클린턴 대통령의 탄핵 재판 때처럼—세계에 등을 돌리려는 징후가 보일 때마다 갑자기 많은 외국 지도자들은 "워싱턴의 주의"가 산만해지면 무슨 일이 벌어질까봐 전전긍긍했다. 유럽의 자유주의 성향 언론들은 미국의 "위장한 식민주의"를 규탄하던 행태를 잠시 멈추고 "중동, 발칸반도, 혹은 아시아의 문제"는 "미국의 지원 없이" 해결되지 않는다고 지적했다. 미국을 "고압적"이라고 비난해온 이들은 갑자기 "폭풍이 빨리 지나가기를 기원"했다.[111]

탈냉전시대에 접어들어 미국의 첫 두 행정부는 미국이 여전히 "국제사회에서 져야 할 책무"가 있다고 믿었다. 조지 H. W. 부시와 빌 클린턴은 하나는 공화당 소속, 다른 하나는 민주당 소속이라는 사실을 비롯해 여러 가지 면에서 더할 나위 없이 대조적이었지만, 두 사람은 미국이 여전히 자유주의 세계질서의 일차적인 수호자여야 한다는 믿음을 공유했다. 부시는 이를 "신세계질서"라 일컬었다. 클린턴이 한 유명한 말을 빌리자면, 미국은 여전히 "없어서는 안 될 나라"였고, 이는 수십 년 전 미국을 "앞장서서 인류를 이끄는 기관차"라고 한 딘 애치슨의 정서를 그대로 반영했다.[112] 클린턴 행정부의 관리 스티븐 세스타노비치가 지적한 바와 같이, "적극적인 미국의 역할을 점차 부활시킨 클린턴 행정부의 조치는 트루먼 행정부 정책결정자들이 냉전에 돌입하면서 토대로 삼은 정책과 동일했다.[113] 그러나 이제 냉전이 종식되었으므로 부시와 클린턴은 냉전 이전에 수립된 전략과 똑같은 원칙을 토대로 한 접근 방식을 취했다는 게 보다 정확할 것이다.

새 시대를 시험할 첫 시련은 사담 후세인의 이라크가 1990년에 쿠웨이트를 침공했을 때였다. 부시의 대응 방식은 제2차 세계대전으로 거슬러 올라가는 원래 대전략과 그 궤를 같이했다. 부시의 보좌관 브렌트 스코크로프트는 강력한 대응에 실패하면 "참담한 선례"를 남기게 되고, 이러한 선례는 "오로지 다가올 '탈냉전' 시대에 폭력적인 원심적 경향을 가속화할 것"이라고 믿었다.[114] 1950년 한국전쟁에 참전하기로 결정한 트루먼처럼, 부시도 1930년대에 상응하는 여건을 목도했다. 그는 훗날 "나는 유화책은 원하지 않았다."라고 밝혔다.[115] 1940년의 루스벨트와 마찬가지로 부시는 "잔혹하고 무법인 상태"가 바로잡히지 않고 방치된 세계에서 살기를 원하는 미국인은 없다고 주장했다.

부시가 파나마와 소말리아에 개입하기로 한 결정도, 클린턴이 아이티, 보스니아, 코소보, 이라크에 개입하기로 한 결정도 바로 이러한 사고에서 비롯되었다. 부시가 미군 3만 명을 파견해 파나마의 독재자 마누엘 노리에가(Manuel Noriega)를 제거하자, 당시 조지 윌(Geroge Will)은 부시의 이러한 결정에 동의한다면서 이는 "막강한 힘에 수반되는 권리와 책임"을 실천하는 결정이라고 했다.[116] 1995년 스레브레니카, 보스니아에서 학살이 자행된 후 클린턴 행정부 관리들은 "세르비아의 공격"은 "서방의 결속 자체"를 훼손하므로 묵과할 수 없다고 주장했다.[117] 이 시기에 있었던 이러한 개입을 미국 관리들은 세계질서를 관리하고 수호하는 작업의 일환으로 여겼다. 특정한 미국의 이익을 보호하기 위해서였기도 하지만 말이다. 부시는 이라크의 쿠웨이트 침공을 무위로 돌렸고, 페르시아만의 방대한 석유 매장지를 연쇄 침공자의 손아귀에서 해방시켰다. 그는 미국에서 마약 공급 작전을 수행한 혐의로 파나마 독재자를 제거했다. 클린턴은 민주적 방식으로 선출된 카리브해 지역의 한 지도자를 복귀시킴으로써 아이티 난민 수만 명의 미국 유입을 막았다. 그는 수년 동안 동맹국들이 해온 요청을 받아들여 마침내 발칸반도에 두 차례 개입해 학살을 막음으로써 유럽 안보를 보장한다는 미국의 결의를 재확인했다. 순수한 인도주의적 개입은 소말리아의 사례뿐이었다. 클린턴이 지켜보는 가운데 모가디슈에서 습격 작전을 수행하는 동안 미군 18명이 목숨을 잃는 비극이 발생하면서 이 작전은 결국 실패로 끝났다. 그러나 콜린 파월 장군의 지휘하에서 이루어진 미국의 개입 정책으로 20만 명의 소말리아인이 생명을 구했다는 사실은 잊혔다.

훗날 일부에서 주장한 것처럼 "낙관주의에 들떠서" 실시한 "무차별적인 개입의 시대"는 아니었다.118 이 가운데 장시간 고뇌와 치열한 논쟁을 거치지 않고 실행한 작전은 하나도 없었다. 대부분은 열성적으로가 아니라 마지못해 실행했다. 미국은 발칸반도에서 발생한 위기를 4년 동안 방치한 채 살육이 진행되도록 내버려두다가, 막다른 골목에 다다른 클린턴이 마침내 개입해 새로 한바탕 인종청소가 자행되지 못하게 막았고 외교적으로 사태를 마무리했다. 그리고 이러한 개입은 그 어떤 합리적인 성공의 기준으로 가늠해보아도 대부분 성공했고, 역사적 기준에 비추어볼 때 최소한의 대가만 치렀다. 클린턴 행정부가 아이티, 보스니아, 코소보에 개입한 세 차례를 통틀어 미군 전투 병력은 전혀 손실되지 않았다. 1991

년 걸프전쟁에서도 놀라울 정도로 인명손실이 적었다. 전문가들은 수천 명의 미군이 목숨을 잃게 된다고 예상했지만 말이다. 1966년부터 1971년까지 베트남전쟁에서 달마다 발생한 사망자 수보다 1990년대 10년을 통틀어 사망한 미군 전투 병력의 수가 더 적었다. 부시와 클린턴 행정부 12년 동안 국방비 지출은 30퍼센트 줄었다. 현역 장병의 수는 200만 명에서 130만 명으로 급감했다. 해외주둔 병력은 45만 3천 명에서 21만 명으로 줄었다.[119] 1930년대 이후로 최저치였다.

그 시기에 일각에서 미국이 범했다고 주장하는 외교 실책—미국의 오만함과 과도한 팽창의 증거로 간주되는 실책—은 북대서양조약기구의 확대였다. 당시와 훗날 이를 비판한 이들에 따르면, 폴란드와 중부 유럽과 동부 유럽 국가들을 북대서양조약기구에 합류시키면서 러시아와의 관계가 훼손되었고 타협의 여지가 사라졌으며, 러시아에서 자국의 안보가 위험에 처했다는 공포심이 조장되었다. 미국이 아무리 신중하고 절제된 정책을 펼쳤어도 러시아의 불안감이 해소되었겠는지 여부에 대해서는 잠시 후에 다루겠지만, 당시에 중부와 동부 유럽 국가들을 북대서양조약기구에 합류시키는 결정은 이 나라들이 느끼는 공포심과 불안감을 달래기 위한 대응책이었다. 중부 유럽과 동부 유럽에 러시아가 끊임없이 개입하고 제국으로서 지배한 오랜 역사로 미루어볼 때, 러시아의 전통적인 이익 권역 내에 있는 나라들은 우려할 만한 이유가 있었다. 러시아의 이웃나라들은 아주 일찍부터 러시아에서 막 벗어나 새로이 얻은 자유가 오래가지 않을지 모른다는 걱정에 시달렸다. 독일 사회학자 랄프 다렌도르프가 당시에 지적한 바와 같이, 고르바초프가 "유럽이라는 공동의 안식처"라고 일컬은 표현도 전적으로 위안이 되지는 않았다. "과거에 패권국가가 점령하고 오랫동안 통치했던 나라들과 오순도순 잘 지내기를 바란다고 하면 뭔가 꿍꿍이속"이 있다고 생각하는 게 인지상정이다.[120] 독일 총리 헬무트 콜은 1991년 있는 힘을 다해 신속하게 통일을 밀어붙였는데, 러시아에서 쿠데타가 한 번만 일어나도 지금까지 추진해온 정책이 도로아미타불이 될까봐 걱정했기 때문인 이유도 있다.[121] 1990년대 말 무렵 동부 유럽과 중부 유럽은 너무나도 간절히 북대서양조약기구에 가입하기를 원했기 때문에, 프랑스처럼 그들을 회원으로 받아들여야 할지에 대해 다소 주저하던 서유럽 국가들은 그들 중 일부 국가들의 가입을 지지하기에 이르렀다. 북대서양조약기구의 확대가 러시아에 어떤 영향을 미쳤든지 간에, 그것은 안정과 민주정체, 번영 그 어느 것도 거의 누려보지 못했던 동부 유럽과 중부 유럽 국가들이 이 모두를 누리게 했다. "완전하고 자유로운" 유럽은 갈등으로 점철된 역사로부터 또 한 번의 휴식을 맛보았고, 혼란에 빠지거나 다시 한 번 동서 간의 갈등에 희생되는 운명을 모면하게 되었다. 이러한 유럽은 세계 평화와 안정에 상당한 기여를 했고, 미국이 치른 대가는 비교적 미미했다.

그럼에도 불구하고, 탈냉전시대의 행정부들이 자유주의 세계질서를 수호하는 데 드는 비용과 위험을 최소화하고 "평화 배당금"을 회수하려고 할 때조차도 미국 국민은 조급해했다. 미국이 세상사에 깊이 관여한 지 40년 만에 마침내 냉전이 종식되어 자유주의 세계질서를 지켜야 하는 무거운 짐과 책임을 내려놓을 기회가 왔다. "신세계질서"는 저절로 유지되리라고 많은 사람들이 믿었다. 평화와 번영의 새 시대를 뉴노멀(new normal), 지정학의 작동이 사실상 중지된 상태에서 인류가 존재할 새로운 토대가 마련되었다고 생각했다. "현실주의" 이론의 거장 한스 모겐소는 미국인들은 "마지막 막이 내리고 힘의 정치 게임이 더 이상 펼쳐지지 않게 될" 날을 학수고대하는 경향이 있다고 지적한 적이 있다.[122] 많은 이들이 냉전이 종식되자 그날이 왔다고 믿었다. 대부분의 미국인들은 더 이상 미국이 세계의 힘의 정치에 그토록 깊이 관여하지 않기를 바랐고, 많은 이론가들은 미국이 더 이상 그리할 필요가 없는 이유를 앞다퉈 설명했다. 그들의 주장은 하나같이 제1차 세계대전이 발발하기 전 세계 평화 이론가들의 주장과 유사했다. 기술 발전과 경제적 세계화로 독재국가는 민주정체로 바뀌고 강대국들은 평화를 추구할 수밖에 없는 새로운 고정불변의 법칙이 탄생했다고 주장하는 이들도 있었다. 후쿠야마를 비롯한 이들은 전 세계가 "탈이념", "탈역사", 국제관계의 "공동 시장화"를 향해 가는 탈냉전시대의 유럽이 가는 길을 가게 되리라고 예언했다.[123] 이 새 시대에 미국의 힘은 시대착오적인 듯이 보였고 위험하다고 여기는 이들도 있었으며, 대부분은 미국이 그 힘을 행사하려면 값비싼 대가를 치러야 하고 그런 힘 자체가 불필요하다고 생각했다.

이러한 새로운 정서는 일찍이 1992년 부시 행정부가 작성한 탈냉전시대 국방전력 보고서에 대한 반응에서 감지되었다. 보고서에 제시된 전략은 본질적으로 제2차 세계대전 동안 구축한 본래의 대전략의 연장선상에 있었다. 이 대전략은 소련과 국제 공산주의의 도전에 대응하도록 조정되었지만, 세계를 상대하고 20세기 초반 동안 재앙이 발생하지 않도록 하려는 취지에서 수립된 총체적인 전략이었다. 1992년 국방기획 지침은 세계 문제에 있어서 미국의 월등한 지위를 수호하고 미국과 민주정체 국가들의 동맹을 강화하고 심화시키며, 국제기구들과 개방무역 체제를 계속 지원할 것을 요구하고 있다. 그해 새뮤얼 P. 헌팅턴은 "미국이 월등한 지위를 유지하지 않는 세계"는 "폭력이 난무하고 무질서하고 민주정체와 경제 성장이 후퇴하는 세계가 된다. 미국이 국제사회에서 월등한 지위를 지속적으로 유지해야만 미국 국민의 복지와 안보, 그리고 세계의 자유와 민주정체와 개방경제와 국제질서의 미래를 담보할 수 있다."라고 주장했다.[124] 이는 딘 애치슨이 했을 법한 발언과 다를 바가 없고, 이 전략 문건은 과거 45년에 걸쳐 미국이 실행한 전략의 주요 내용과 놀라울 정도로 연속선상에 있었다. 그러나 언론과 평론가들은 미국의 세계 패권을 새롭게 재확인한 경악스러운 내용이라는 반응을 보였고, 〈뉴욕타임스〉의 패트릭 타일러는 "집단적 국제주의"를 거부했다고 평가했다.[125] 〈뉴요커〉의 니컬러스 레먼은 훗날 이를 "힘을 강조한 참신한 독트린"이라 일컬었다.[126]

이러한 반응은 애치슨이 미국을 "앞장서서 인류를 이끄는 기관차"라고 일컬은 이래로 미국의 전략이 무엇이었는지에 대해 일정 부분 무지함을 보여줄 뿐만 아니라, 많은 미국인들이 어느 정도나 미국이 그러한 역할을 지속하지 않기를 바라는지를 드러내주었다. 그들은 미국이 자유주의 세계질서를 더 이상 유지할 필요가 없다고 믿든가, 후쿠야마가 주장한 "역사의 종언"에 도달했으므로 이제 그런 질서는 더 이상 유지할 필요가 없다고 믿었다. 그 이유가 무엇이든, 대부분의 미국인들은 정부 내에 여전히 미국의 월등한 지위가 헌팅턴 말마따나 필수적이라고 여기는 사람들이 있다는 사실에 경악했다.

공산주의와 소련이 사라지자, 심지어 보수 진영의 강경파까지 세계에서 미국의 역할을 축소하라는 요구에 합류했다. 1990년 9월에 "정상적인 시대에 정상적인 나라"라는 제목의 기고문에서 유엔 대사를 역임한 진 커크패트릭은 더 이상 희생할 필요가 없다고 주장했다. 냉전으로 인해 미국인의 삶에서 외교정책에 "부자연스러운 중요성"이 부여되었다. 이제 미국은 전통적인 의미에서의 국익―"자국의 영토, 부, 필수적인 물자에 대한 접근"―에 집중할 때가 됐다. 이게 바로 "국가의 정상적인 여건"이었다.127

그 결과 부시와 클린턴은 사방에서 공격을 받는 자유주의 세계질서를 방어하는 노력을 계속했다. 현실주의자들은 미국의 "필수적 이익"이 위험에 처하지도 않은 지역에서 "국제적 사회사업"에 관여한다며 그들을 비판했다. 좌익은 그들이 기업의 이익을 위해 제국주의적 모험을 감행한다고 비난했다. 부시 정부 때 미군이 쿠웨이트에서 이라크를 축출하고 철수했을 때, 그리고 클린턴이 1998년 이라크에서 대량살상무기 생산시설로 의심되는 시설물을 폭파했을 때, "석유 확보를 위한 전쟁을 중단하라"는 구호가 터져 나왔다. 1990년대에는 의회에서 해외 개입 여부를 표결에 부치면 양당이 확연히 의견이 갈렸다. 공화당이 개입에 찬성하면 민주당은 반대하고, 민주당이 찬성하면 공화당은 반대했다. 클린턴 행정부가 이라크에서 쿠르드족 학살을 막기 위해 미사일 공격을 한 후엔 냉전시대 투사잭 켐프가 "아침식사 전에 폭격하지 말라."라는 기억에 남을 발언을 했다.

이 시기에 미국의 외교정책이 지지를 얻지 못하면서 훗날 심오한 결과를 초래했다. 여론을 의식한 부시는 전쟁이 발발하고 100시간 후, 그리고 사담 후세인의 공화국수비대가 섬멸되기 전에 이라크전쟁을 끝냈다. 사담이 시아파와 쿠르드족의 봉기를 탄압하고 수십 만 명을 학살할 때, 이라크 국경 건너편에 미군을 주둔시키고 있었던 부시 행정부는 수수방관했다. 부시 본인도 훗날 사담을 권좌에 그대로 둔 채 전쟁을 끝내, 결과적으로 부분적으로만 승리했다며 후회했다.[128] 소말리아 참사 이후 국민의 지지가 하락할까봐 우려한 클린턴 행정부는 역사상 가장 끔찍한 학살로 손꼽히는 르완다 사태에 개입하지 않기로, 또 당시에 아주 초보 단계였던 북한 핵개발 프로그램에 대해 군사행동을 취하지 않기로 결정했다. 여론의 역풍을 맞을까봐 두려웠던 클린턴 행정부는 훗날 9/11 테러 공격을 도모하는 알카에다의 기지가 있던 아프가니스탄에 대해 단호한 군사행동도 취하지 않기로 했다.[129] 그 결과 비교적 전략적으로 유리한 여건이었던 1990년대에조차도 미국은 훗날 치명적인 결과를 가져올 잘 알려진 중요한 위협, 냉전시대였다면 묵과하지 않았을 위협에 대응하지 않았다.

그리고 물론 이렇게 유리한 여건은 오래가지 않았다. 1930년대에 일본과 독일에 막 들어선 자유민주 정부들이 독재 파시스트 정권과 공격적인 국수주의 외교정책에 자리를 내어주었듯이, 러시아와 중국에서도 기대를 저버리고 자유화가 실현되지 않았고, 구소련과 그 영향권을 최대한 재구축하려는 탈환주의(revanchist) 외교정책이 득세했다. 1970년대부터 중동과 북아프리카에서는 폭력적 성향의 급진적 이슬람 종파가 성장해 유럽의 식민지 열강들로부터, 그리고 제국 열강들이 시켰거나 지원하거나 용인했던 세속적 독재정권으로부터 그 지역을 되찾을 방법을 모색했다. 자유주의 질서 내에서는 진보가 계속 진행되었지만, 자유주의 질서 바깥에서는 냉전 종식 무렵에 잠정적으로 억제되었던 뿌리 깊은 역사의 패턴이 되살아나기 시작했다.

2000년대 10년 동안 자유주의 질서와 미국은 연달아 큰 타격을 받았고, 미국이 받은 타격이 자업자득인 적도 있었다. 그 결과 전후 대전략에 대한 국민의 지지는 상당히 허물어졌고, 이 전략을 통해 수호하려던 자유주의 질서도 한층 약화되었다.

2001년 9월 11일 테러 공격으로 진주만 공격 이후 그 어떤 사건보다도 미국 영토에서 많은 미국인이 목숨을 잃었으며, 미국은 급진 이슬람 테러리즘의 위협에 대한 공포에 휩싸였다. 알카에다 기지와 알카에다를 지원한 탈레반 정권을 제거하기 위해, 클린턴 행정부가 임기 마지막 해에 회피했었던 아프가니스탄 침공이 부시 행정부에서 마침내 이루어졌다. 그러고 나서 부시 행정부는 이라크를 침공해 사담 후세인을 권좌에서 끌어내렸다. 첫 번째 전쟁의 취지는 분명해 보였다. 테러 공격에 대한 대응이자 다른 테러 공격을 방지하기 위한 노력이었다. 이라크전쟁의 동기는 보다 복잡하다. 9/11 전과 후의 우려사항이 뒤섞여 있었다.

1990년대에 이라크는, 비록 미국을 직접적으로 위협하는 요소들이 있기는 하나, 일차적으로 세계질서 관리 차원의 문제였다. 조지 H. W. 부시 행정부는 상처를 입었지만 여전히 반항적인 사담 후세인 문제를 클린턴 행정부에 물려주었고, 후세인은 미국의 억압에서 벗어나 자신의 패권을 중동에 확장하려는 결의에 넘쳤다. 1991년 패배하기에 앞서 후세인은 이웃나라 이란과 쿠웨이트와의 전쟁에서 그러한 자신의 야망을 추구했고, 핵무기와 생화학 무기를 개발할 프로그램에 착수해 자신의 권력을 확대하고 이란, 이스라엘, 미국의 공격에도 끄떡하지 않을 방법을 모색했다. 그의 핵개발 프로그램은 1981년 상당히 진전된 단계에 도달해 이스라엘이 이를 파괴하기 위해 공격을 감행하게 만들었고, 1991년 걸프전쟁 막바지에 미국 정보기관들은 이 프로그램들이 생각보다 훨씬 진전된 단계에 도달해 있음을 깨닫고 경악했다. 아버지 부시 행정부는 핵시설 사찰을 통해 이 프로그램들을 제거하려고 했지만 1990년대 내내 사담 후세인은 최선을 다해 사찰단의 작업을 방해했고, 1998년에 사찰단을 축출하면서 클린턴 행정부가 핵시설로 의심되는 시설에 폭탄과 미사일을 나흘 동안 퍼부었다. 그 이후부터 미국의 첩보는 사실상 먹통이 되었고 정확히 후세인의 핵개발 프로그램이 뭘 보유했고 어느 정도나 진전됐는지 판단할 수 없게 되었다. 그래서 미국 정보 조직들은 추측할 수밖에 없었다. 돌이켜 보면, 초창기에는 이라크의 핵개발 프로그램을 과소평가하는 오류를 범했다면, 이제는 과대평가하는 오류를 범했다. 2000년에 클린턴 행정부의 중앙정보국은 이라크가 "꾸준히 대량살상무기 역량을 개발하고 있다."고 경고하는 두 개의 보고서를 작성했고, 사담 후세인 본인도 핵무기 개발 프로그램을 비롯해 자신이 개발하는 프로그램들이 실제보다 훨씬 진전된 단계에 도달한 듯이 보이게 해서 미국, 이란, 심지어 자국민까지도 자신에게 맞서지 못하게 억지하려 했다.[130]

클린턴 대통령과 그의 최고위 보좌관들은 부시 행정부와 마찬가지로 사담 후세인이 가하는 위협의 일차적인 표적이 미국이 아니라 냉전 이후 그들이 수호하려 한 세계질서에 대한 위협으로 간주했다. 클린턴은 1998년 미국 국민들에게 "과거를 기억하고 미래를 내다보는 문제"라고 했다. 탈냉전시대는 경제적, 기술적, 정치적으로 진전을 이룰 놀라운 새로운 기회들을 열어주었다. "초강대국의 대결은 끝났다." 그러나 "위험으로부터 자유로워지지는 않았다." 클린턴은 비공개 석상에서 그의 보좌진에게 "냉전이 끝나고 나서 보니 바람직한 것은 하나같이 그 속에 폭발물을 감추고 있더라."라고 털어놓았다.[131] 공개 석상에서 클린턴은 1937년의 프랭클린 D. 루스벨트와 비슷한 발언을 했다. 탈냉전 세계는 "무법자 같은 나라들, 테러리스트와 마약 밀매업자와 세계 조직 범죄단으로 구성된 위험한 패거리들" 그리고 "정보와 기술의 유통"을 먹고 사는 "21세기 포식자들"이 도사리고 있다고 경고했다. 미국과 자유 세계가 이들이 "핵무기와 생화학 무기, 그리고 이러한 무기를 발사할 미사일"을 갖지 못하게 막지 않으면, 이들은 "한층 더 치명적인 적"이 될지 모른다고 했다. 이라크는 시작에 불과했다. 다가올 세기에는 "이라크가 가하는 위협과 같은 종류의 위협이 점점 더 많이 출현할 가능성이 높았다. 대량살상무기를 직접 사용하거나 테러리스트에게 넘길 준비가 된 불량국가" 말이다. 미국을 비롯한 여러 나라들이 대응에 실패한다면 "사담 후세인과 그의 뒤를 따르는 모든 이들"이 "무슨 짓을 해도 처벌받지 않으리라고 생각하고" 더욱 대담해지게 된다.[132]

1998년 클린턴이 이라크의 무기 생산시설로 의심되는 지역을 나흘 동안 폭격하라고 명령하면서 했던 주장들이다. 이처럼 제한된 군사행동을 취한 점으로 미루어볼 때, 클린턴 행정부는 미국이 본격적인 군사작전에 발을 담그지 말아야 한다는 압력을 의식했던 것으로 보인다. 그리고 클린턴이 위와 같은 연설을 한 다음 날, 오하이오 주립대학교에서는 클린턴의 최고위급 보좌관들을 향해 "하나, 둘, 셋, 넷! 우리는 인종차별주의 전쟁을 원치 않는다!"라고 외치는 시위대의 목소리가 울려 퍼졌고, 공화당 의원들은 폭격에 반대하는 입장을 표명하면서 클린턴이 모니카 르윈스키 추문으로부터 대중의 관심을 돌리려 한다고 비난했다.[133] 그러나 조지 W. 부시 행정부가 2002년 이라크에 대한 전쟁의 정당성을 피력할 때 그가 한 주장은 본질적으로 클린턴이 한 주장과 똑같았다.

다른 점이 있다면, 9/11 이후의 환경에서는 미국 내에서 공포심이 훨씬 고조되어 있었고, 이전에는 생각조차 할 수 없었던 조치들이 고려 대상이 되었다는 점이다. 이라크와 9/11 알카에다 테러 공격 사이에는 분명한 연관성이 없었지만, 이라크에는 오사마 빈 라덴의 최고위급 부하들 가운데 하나를 포함해 알카에다 소속원들이 있었다. 부시 행정부는 테러리즘과 대량살상무기의 연관성을 심각한 위협으로 보았다. 클린턴 행정부도, 대부분의 민주당 의원들도, 대부분의 미국인들도 같은 생각이었다. 처한 여건은 달랐지만 아들 부시가 제시한 전쟁의 포괄적인 명분은 10여 년 앞서 아버지 부시가 내세운 명분과 같았다. 미국의 안보를 강조했지만 세계가 처한 여건에 대해서도 거론했다. 그는 "사담 후세인 같은 자가 통치하는 이라크 같은 나라가 대량살상무기를 개발하고 테러 조직과 힘을 합해 세계를 협박하게 내버려둘 수" 없었다.[134] 당시에는 이게 보편적인 정서였다. 9/11 테러 공격으로 사담 후세인이 가하는 종류의 위협을 용인하는 수위가 낮아졌고, 이를 제거하기 위해 기꺼이 치를 대가는 높아졌다. 2002

년 앨 고어는 이라크가 "기존의 위협과는 전혀 다른 극악한 위협"이라고 말했고, 크리스토퍼 도드, 해리 리드, 톰 하킨 같은 리버럴들조차 표결에서 전쟁을 승인했다.[135] 힐러리 클린턴이 2002년 전쟁에 대한 표결에서 자신의 표결권을 행사하면서 언급했듯이, "행동에 따르는 위험과 행동하지 않는 데 따르는 위험을 저울질해보면, 산전수전 다 겪은 뉴요커들은 행동하지 않는 데 따르는 위험에 훨씬 공감할지 모른다."[136] 한동안 부작위(不作爲)의 죄악이 작위(作爲)의 죄악보다 더 크게 부각되었다.

그 한동안은 오래가지 않았다. 이라크전쟁은 여러모로 베트남전쟁과 비슷했다. 베트남전쟁과 마찬가지로 이라크전쟁도 정권이 여러 차례 바뀌면서도 계속 채택하고 정당화한 외교정책 기조에 따른 당연한 결과였다. 베트남전쟁과 마찬가지로 이라크전쟁도 초기에는 상당히 높은 국민의 지지를 누렸다—상원은 77 대 23으로 이라크전쟁을 승인했고, 50명의 민주당 상원의원들 가운데 29명이 찬성했다. 대다수가 전쟁에 찬성한다는 여론조사 결과를 반영한 표결이었다. 그리고 대량살상무기가 적재되었다고 의심되는 장소를 찾아내는 데 실패하는 등, 초기에 차질을 빚었는데도 전쟁에 대한 국민의 지지는 여전히 계속되었다.[137] 베트남전쟁과 마찬가지로 미군이 승산 없는 끝 모를 전쟁에 발목이 잡혔다는 게 점점 분명해지기 시작하면서 비로소 국민의 지지는 식었다. 베트남전쟁에서와 마찬가지로 정복이 아니라 이라크를 가능한 한 빨리 이라크 국민들에게 돌려주는 게 미국이 추구한 목적이었다. 미국의 정치적, 군사적 전략은 이 과업을 완수하는 데 적절치 않았다. 초창기에 빚은 차질로 전쟁에 대한 국민의 지지가 너무 훼손되어, 신임 장군이 성공적인 정치 군사 전략을 세울 무렵에는 이미 이 전쟁에 대한 미국인의 지지가 폭락하고 있었고, 이를 반등시키기에는 너무 늦었다. 베트남전쟁과 마찬가지로 이라크의 대량살상무기 프로그램과 관련된 첩보에 하자가 있음이 드러나자, 관리들이 그저 첩보에 대한 평가를 잘못했다는 비판을 넘어서 거짓말을 했다는 비난을 받기에 이르렀다. 머지않아 많은 국민들이 전쟁 자체가 정부가 의도적으로 국민을 속인 사기극이었다고 여기게 되었다.

베트남전쟁처럼 많은 이들이 자기가 한때 지지했던 외교정책과 전쟁에 등을 돌렸다. 베트남전쟁 후 민주당의 외교정책 엘리트들이 입장을 번복하고 붕괴되었듯이, 이라크전쟁을 지지한 초당적인 외교정책 엘리트들도 입장을 번복하고 몰락했다. 이라크전쟁을 가장 강력히 지지했던 이들 가운데는 사후에 가장 극렬한 반대자로 돌아선 이들도 있었다. 전쟁의 피해가 2008년에 시작된 대대적인 경제 불황과 맞물리자 이라크전쟁에 대한 지지가 완전히 바닥을 쳤다. 2008년 선거 무렵, 탈냉전 낙관주의는 국가에 대한 깊은 비관주의에 자리를 내주었다.

자칭 새로운 "현실주의"가 득세했다. 세계는 미국 마음대로 되지 않고 미국은 세계를 효과적으로 원하는 모습으로 만들 힘이 없으며, 미국이 힘을 행사하면 잘못을 바로잡기는커녕 상황을 더 악화시킬 뿐이라는 확신이 강해졌다. 많은 이들은 미국은 어설프게 분란을 일으켜 세계가 안고 있는 문제는 대부분 미국이 야기했으며, 미국은 세계가 알아서 문제를 처리하도록 내버려두는 게 더 낫다고 주장했다. 환멸감에 무기력감이 겹쳤다. 바깥세상의 상황이 좋지 않을지 모르지만 미국이 개입해봤자 소용없든가 상황을 악화시키기만 할 가능성이 높다고 믿는 이들이 많았다. 이

130

시기에 미국의 힘에 쏟아진 비난은 1970년대 베트남전쟁 후를 연상케 했지만, 세계 속에서 미국이 해야 할 역할에 대한 처방과 태도로 치자면 1920년대와 1930년대와 훨씬 비슷했다. 무기력감과 환멸감에 더해 세계에서 무슨 일이 일어나든 크게 중요하지 않다는 확신이 강해졌다. 미국이 행동하다가 실책을 범하거나 대가를 치르게 되면 더더욱 용서하지 못할 처신으로 간주되었다.

이러한 미국의 태도 변화는 이라크전쟁보다 한참 전에 시작되었지만, 이라크전쟁이 외교정책과 세계에서 미국의 역할에 대한 미국인의 태도에 깊고 지속적인 영향을 미친 까닭을 말해준다. 정책적 실패만으로는 이러한 반응을 설명하지 못한다. 미국이 이라크전쟁으로 아무리 큰 대가를 치렀다고 해도 과거에 이보다 훨씬 심각한 실패를 저지른 적이 있기 때문이다. 베트남전쟁 전사자는 이라크전쟁 전사자의 10배였다. 1966년부터 1971년까지의 기간 동안 베트남전쟁에서 발생한 연간 전사자는 이라크전쟁 8년 동안 발생한 전사자 수보다 많았다. 베트남전쟁 당시에 미국 사회는 훨씬 심각하게 분열되었다. 폭력과 사회불안이 전국을 휩쓸었다. 대통령이 강제로 사임했고 나라는, 부분적으로는 베트남전쟁의 여파로, 제2차 세계대전 이후 최악의 경제위기로 빠져들었다. 그러나 북베트남이 남베트남을 침공해 정복하고 4년이 지나자 지미 카터 행정부조차 강경한 입장으로 돌변해 국방 예산을 증액하고, 아프가니스탄에서 반소련 투사들을 무장시키고, 미국의 핵전력을 증강시켜 "전쟁 수행" 역량을 강화했다. 그러더니 1980년 미국은 트루먼 이후로 가장 강경한 냉전의 전사를 대통령으로 선출했다. 베트남전쟁의 실패를 겪은 후였는데도 소련 공산주의가 가하는 이념적, 전략적 위협만으로도 충분히 미국 국민의 지지를 유지할 수 있었다.

이라크전쟁 후 미국이 밟은 궤적은 매우 달랐다. 비관론과 세계에서 발을 빼고 관여하지 말라는 요구는 10년 이상 지속되었고 끝이 보이지 않았다. 단순히 이라크와 아프가니스탄에서의 실패로만 그 원인을 돌릴 수는 없다. 2008년 금융위기와 뒤이은 경기불황으로 상황이 더욱 악화되었다고 해도 말이다. 그보다는 지난 70년 동안 세계에서 미국이 해온 역할이 더 이상 필요하지 않고, 어쩌면 애초에 필요했던 적도 없었다는 확신이 만연했기 때문이다. 미국이 외교정책과 전쟁의 불가피한 실패를 어느 정도나 용인할지는 대체로 미국이 세계에서 인식하는 위험 수위가 어느 정도인지에 따라 결정된다. 미국이 제2차 세계대전에 참전하면서 불과 몇 달 만에 수십 만 명이 필리핀과 북아프리카에서 목숨을 잃는 참사가 연달아 일어났는데, 그렇다고 해서 이러한 인명손실 때문에 일본과 독일과의 전쟁에 대한 미국 국민의 지지가 훼손되지는 않았다. 베트남전쟁이 궁극적으로 봉쇄전략과 냉전의 적극적인 수행에 대한 국민의 지지를 훼손하지도 않았다. 그러나 2017년 10월 아프리카에서 이슬람 테러리스트에 대한 특수작전을 수행하다가 4명의 미군이 살해되자, 〈뉴욕타임스〉는 "국민이 또 얼마나 많은 군사적 모험을 용인해야 하는가"라면서 "미군이 머나먼 지역까지 얼마나 많이 파병되어 있는지를 점검해보고, 그런 투자가 얼마나 필요한지 처절하게 고민해야 할 때"가 됐다고 주장했다.[138] 미국인들은 미국이 맞서 싸울 소련과 국제공산주의가 사라지자 이러저러한 자잘

한 위협으로부터 자유주의 세계질서를 보호하려고 그렇게 많은 희생을 해야 하는지 의문이 들었다. 위협에 비해 치러야 하는 대가가 너무 컸다.

2008년 버락 오바마가 당선되면서 이러한 측면에서 분기점에 도달했다. 오바마는 미국 외교정책을 정상으로 되돌려 놓겠다는 약속으로 국민의 지지를 얻었다. 냉전시대에 미국이 과도하게 힘을 행사했다고 비판한 한 평론가는 세계 속에서 미국의 팽창주의적이고 개입주의적인 역할은 불필요하고, 지속 불가능하고 비생산적이라는 탈냉전시대의 정설에 공감했다. 그는 세계가 수렴하는 새로운 시대에 적합한 보다 온건한 역할을 미국이 모색해야 한다고 주장했다. 냉전시대의 대치 상태를 구시대 유물로 간주한 그는 러시아, 이란, 쿠바 등 오랜 적국과 경쟁자들과 화해할 방법을 모색하는 한편, 기존의 동맹국들에 대해 지고 있는 미국의 책임을 줄이고자 했다. 그는 이라크로부터 완전 철군하겠다는 선거공약을 실천했다. 그는 아프가니스탄 주둔군의 수위는 높였지만 주둔군 감축의 마감 시한을 빠듯하게 잡아 그 효과를 완화했다.

게다가 오바마가 실제로 자유주의 세계질서를 수호하려 하자 공화당 의원들이 그를 공격했다. 많은 이들이 리비아에 개입했다고 그를 비판했고, 시리아에서 군사행동을 감행하기 직전까지 갔을 때 그들은 1990년대에 클린턴 행정부가 개입 정책을 실행했을 때와 마찬가지로 분명한 반대의사를 표명했다. 그 결과 미국인들은 더 이상 예전처럼 적극적인 역할을 원하지 않는다는 오바마의 확신이 굳어졌다. 그리고 임기 2년차에 접어들면서 자유주의 세계질서가 한층 손상되고 가장자리에 균열이 생기는 징후가 보이기 시작했지만, 오바마는 미국 국민이 바라는 대로 거의 아무

역할을 하지 않았다. 러시아가 우크라이나를 침공해 크림반도를 점령하자, 이는 제2차 세계대전 이후로 유럽에서 벌어진 유일한 영토 침공 행위였음에도 불구하고, 오바마는 대응을 경제제재로 제한했다. 그는 우크라이나에 방어용 무기를 제공하는 조치도 거부했다. 우크라이나는 러시아의 영향권 내에 있다는 이유에서였다. 아랍의 봄이 부상했다가 스러지면서 리비아의 상황은 악화되고, 이집트에서 소동이 발생하고, 예멘에서 전쟁이 시작되고, 새로 생긴 테러리스트 조직이 시리아-이라크 국경을 사이에 둔 방대한 지역을 장악했지만, 오바마 행정부는 초기 대응을 드론 공격과 소규모 특수군 작전으로 제한했다. 시리아 위기가 점점 확산되면서 수십만 명이 사망하고 수백만 명의 난민이 유럽으로 쏟아져 들어오면서 유럽 대륙은 수십 년 만에 최악의 정치적 위기에 빠져들었다. 그러자 오바마 행정부는 지상군을 증원했지만 가시적인 변화를 일으키는 수준에는 못 미쳤다. 학살과 난민 유입이 계속되고 러시아와 이란이 자국 군을 투입하며 깊숙이 개입했음에도 오바마는 미국의 군사력을 상당 정도 투입하지 않으려고 결연히 버텼다. 미국 국민은 무관심했다. 역대 행정부들이 택했던 길을 거부한 오바마는 자신이 대다수 미국인들이 원하는 대로 하고 있다고 확신할 만한 이유도 있었다.

혹시라도 남아 있었을지 모르는 의구심은 2016년 대선에서 말끔히 사라졌다. 그해 대선에는 네 명의 정치 거물이 있었다. 오바마, 버니 샌더스, 도널드 트럼프, 그리고 힐러리 클린턴이다. 이 가운데 기존의 대전략을 지지한 인물은 단 한 명이었다. 좌익, 우익, 중도좌익을 표방하는 나머지 세 명은 비판적인 입장이었다. "없어서는 안 될 나라"와 자유주의 세계질서를 표방하는 마지막 대변인인 클린턴은 고립된 채 자기 입장을 방어하는 데 급급한 나머지 일본과 오스트레일리아 같은 미국의 핵심적 동맹국들을 비롯해 11개국 간에 타결된 환태평양경제동반자협정(TPP)처럼 본인이 국무장관으로서 이룬 대표적인 성과마저 부인해야 했다. 2016년 선거는 기존의 전략에 대한 심판이었고 이는 도널드 트럼프 때문이 아니다. 그는 단지 미국에 만연한 그러한 정서의 수혜자에 불과했다. 공직 경험이 일천하고 외교정책 경험은 전혀 없는 인물을 미국 국민이 선택했다는 사실 자체가 미국인들이 세계에서 미국이 하는 역할에 대해 얼마나 관심이 없는지 보여주는 징후였다. 그들은 자유주의 세계질서와 이를 뒷받침하는 미국의 역할을 폄하하는 트럼프에게 환호했다. 클린턴이 당선됐다고 해도 미국에 팽배한 이러한 정서를 바꾸기는커녕 그러한 정서에 맞설 수 있었을지조차 의문이다. 그녀보다 정치적으로 훨씬 재능이 있는 선임자들도 하지 못한 일을 말이다. 프랭클린 루스벨트가 1930년대에 하지 못한 일을 오늘날 힐러리 클린턴이 무슨 수로 하겠는가?

그리하여 이제 우리는 지금에 이르렀다. 기존의 대전략에 대한 정치적, 국민적 합의는 붕괴되었다. 트럼프 지지자와 반 트럼프 보수주의자에서부터 오바마 정권의 전직 관료들, 버니 샌더스 지지자들, 과거를 참회하는 "외교정책 엘리트"에 이르기까지 모든 정치 지형을 아우르는 새로운 합의가 도출되었다. 지난 4반세기 동안 미국의 외교정책은 참사였다는 합의에 이른 이들은 세계와 세계를 변화시킬 수 있는 미국의 역량에 대한 보다 비관적인 시각을 토대로 한 새로운 현실주의를 요구했다. 그들은 미국은 그동안 자국의 모습을 본떠 세계를 재창조한다는 오만함에 매몰돼 민주정체의 자연발생적 토대가 존재하지 않는 나라에 민주정체를 이식하려는 어리석은 시도를 하면서 역사적으로 다른 강대국들의 이익 권역을 존중하기를 거부했고, 미국의 힘이 지닌 한계를 인정하는 데 대체로 실패했다고 비판했다. 그들은 지난 30년 동안 미국의 정책이 너무 많은 것을 성취하려다가 실제로는 미국의 국익을 훼손하고 보통의 미국인들을 소외시켰다고 주장한다. 이게 바로 샌더스와 엘리자베스 워런의 지지자들로 대표되는 민주당 진영 상당수의 시각이었고, 도널드 트럼프 지지자들과 랜드 폴 상원의원으로 대표되는 공화당 진영 상당수의 시각이었다. 한때 주류라고 일컬어졌던 공화당 기득권층의 많은 이들조차도 자유주의 세계질서가 가능하고 바람직한지 여부에 대해 의구심을 품게 되었다. 오바마 행정부의 관리들이 공직에 취임하면서 말했듯이, 그들은 미국 국민은 세계를 그들이 원하는 모습으로 바꿀 게 아니라, 있는 그대로 받아들여야 한다고 믿었다.

그런데 문제는, 우리가 자유주의 세계질서라는 보호막 속에서 너무 오랫동안 살아온 결과 "있는 그대로의" 세계가 어떤 모습인지를 잊었다는 점이다. 지난 4반세기 동안 미국의 외교정책이 참담한 실패였다고 비판하는 이들은 지난 100년의 기간 동안 어느 4반세기가 가장 마음에 드는지 자문해봐야 한다. 지난 세기의 첫 25년 동안 제1차 세계대전이 발발하고 공산주의와 파시즘이 탄생했다. 두 번째 25년에는 히틀러와 스탈린이 등장했고 우크라이나 기근, 홀로코스트, 제2차 세계대전이 일어났고, 핵무기가 개발되고 사용되었다. 세 번째 25년 동안에는 냉전, 한국전쟁, 베트남전쟁, 매카시즘, 쿠바 미사일 위기, 이란혁명이 일어났다. 지난 25년에서 30년 동안에도 여러 가지 실패가 있었지만 실제로 존재한 적이 없는 상상의 세계와 비교해볼 때만이 참사라고 간주할 수 있다. 이는 현실주의가 아니다. 진정한 현실주의라면 지난 25년이 아무리 문제로 점철된 시기였다고 해도, 현재의 추세가 계속된다면 우리는 훨씬 끔찍한 사태를 맞게 될 가능성이 높다고 인식해야 한다.

07

———

역사의 귀환

THE RETURN
OF
HISTORY

오늘날 밀림이 다시 울창해지고 있다는 징후가 사방에서 감지된다. 역사가 돌아오고 있다. 나라들은 과거의 습관과 전통으로 되돌아가고 있다. 놀랄 일이 아니다. 그러한 습관과 전통을 조성하는 막강한 힘들이 작용하고 있다. 불변의 지리적 위치, 공유하는 역사와 경험, 이성을 무색케 하는 영적, 이념적 신념이 그러한 힘이다. 나라와 국민은 본연의 유형으로 되돌아가는 경향이 있다. 오늘날 러시아는 1958년, 1918년, 혹은 1818년의 러시아와는 다르지만, 러시아인들이 지닌 지정학적 야망과 불안감, 유럽과 서구 진영에 대한 애매모호한 태도, 그리고 심지어 그들의 정치조차 변하지 않았다. 과거 수 세기 동안 역내 패권 국가였고 19세기 초를 시작으로 "굴욕의 세기"를 겪은 중국의 과거가 오늘날 중국의 태도에 영향을 미친다는 사실을 누구도 의심하지 않는다. 이란의 야망이 이슬람과 페르시아라는 과거 뿌리에서 비롯되었듯이 말이다. 우리는 늘 국가들이 밟는 궤적에서 급격한 변화를 찾고 기대하지만, 그러한 변화는 우리가 기대하는 만큼 그렇게 극적인 경우는 거의 없다. 그다지 멀지 않은 과거에 사람들은 브릭스(BRICS)의 놀라운 부상에 대해 설왕설래했다. 인도와 중국, 그리고 경제적, 정치적 영향력이 커지던 브라질, 경제적 성공을 이룬 터키, 남아프리카공화국, 러시아를 포함해 그리 일컬었다. 그러나 오늘날 중국과 인도를 제외하고 이 현상은 과거지사가 되어버렸다. 브라질은 다시 브라질이 되었다. 남아프리카공화국은 혼란으로 빠져들었다. 러시아는 다시 예전의 러시아로 돌아갔다. 그들은 다시 과거의 정치적, 사회적, 경제적 습관으로 침잠했다.

서구 진영의 심장부에서도 이는 마찬가지다. 한때 "탈역사적"이라고 일컬었던 유럽에서 과거는 잊히지 않고 늘 표면하에서 꿈틀거리고 있다. 이탈리아인이나 그리스인은 툭하면 독일인을 나치라고 부르고, 프랑스인은 독일인이 샹젤리제 대로를 행진한다는 농담을 하고, 폴란드인은 과거에 자국을 정복했던 두 나라 사이에 껴서 안절부절못하고 있다. 영국이 유럽 연합을 탈퇴하기로 결정하자 많은 이들이 놀랐지만, 역사적 관점에서 보면 영국이 유럽 대륙으로부터 거리를 두려는 정서는 이례적일 게 없다. 미국인도 마찬가지다. 자국과 세계에 대한 미국인의 태도는 여전히 세계의 다른 강대국들과 미국을 사이에 두고 펼쳐져 있는 두 망망대해의 영향을 크게 받는다. 과거 수 세기와는 달리 이제는 디지털 신호뿐만 아니라 비행기, 함선, 미사일도 그러한 대양을 신속히 가로지를 수 있다는 사실도, 세계의 문제는 미국인들에게 영향을 미치지 않으며 외교정책을 수립할지 말지 선택권이 있다는 믿음에서 위안을 얻는 미국인의 태도에는 영향을 미치지 못하는 듯하다. 따라서 미국인도 과거의 습관으로 되돌아갔다. 역사는 반복되지 않지만 강대국들은 수백 년 동안 걸어온 깊고 폭넓은 궤적을 따라 여정을 계속한다. 그러다가 막강한 힘과 사건으로 인해 그런 과거의 궤적에서 이탈할지 몰라도 늘 과거의 습관으로 되돌아가는 경향을 보이게 된다. 쇼펜하우어의 말마따나 "같으면서도 다른" 행태를 보인다.

따라서 지난 30년 동안 보인 모습대로 세계를 본다고 해서, 세계를 "있는 그대로" 본다고 할 수는 없다. 그 세계는 미국의 힘과 자유주의 세계질서가 만든 세계다. 미국의 제2차 세계대전 참전과 종전 후에 구축한 자유주의 세계질서는 역사의 경로를 재설정했다. 다른 나라들은 자국의 행동을 미국의 힘과 자유주의 세계질서가 구축한 현실에 따라 조정해야 했다. 러시아의 행동은 러시아 지도자들이 감지한 자유주의 세계질서의 힘과 결속력뿐만 아니라, 미국이 어느 정도나 용인할지 또는 용인해야 하는지에 대한 판단에 의해 결정되었다. 중국의 행동, 이란의 행동, 그리고 기존의 질서를 방해하거나 전복할 방법을 모색할 나라나 국가가 아닌 행위자들의 행동도 모두 마찬가지였다. 미국이 달리 행동했다면 이들도 모두 달리 행동했을 테고, 미국의 동맹국들과 나머지 세계도 마찬가지였을 것이다. 세계를 "있는 그대로" 보려면 미국의 힘에 영향을 받지 않았다면 세계는 어떤 모습이었을지 상상할 수 있어야 한다. 역사의 경로가 미국과 미국이 제2차 세계대전 후 구축한 질서로 재조정되지 않은 상태의 세계, 미국이 자유주의 세계질서의 수호자라는 역할을 받아들이기 이전에 세계가 밟았던 경로로 되돌아간 세계를 상상할 수 있어야 한다. 미국의 영향력이 축소되고 자유주의 세계질서가 와해된다면 다른 나라들이 어떻게 행동할지 상상해야 한다는 뜻이다. 그러기 위해서 대단한 예측이 필요하지는 않다. 국가들이 그런 기회가 주어졌을 때, 역사적으로 어떻게 행동해왔는지 그저 기억하기만 하면 된다.

최근 몇 년 사이 러시아의 행동은 러시아가 오랜 세월에 걸쳐 밟아온 역사의 궤적에 순응해왔다. 한동안 러시아는 과거와의 단절을 만지작거렸다. 깊이 파인 과거의 궤적에서 벗어나 자국의 이익을 다시 정의하려고 했다. 독일과 일본이 제2차 세계대전 후에 강제로 그리하게 되었듯이, 프랑스와 영국이 어느 정도 자발적으로 그리했듯이 말이다. 러시아는 미국이 주도하는 세계질서에 합류해 개혁하고 "근대화"하고 번영을—그리고

안보 확보도— 달성할 준비가 된 듯했다. 설사 수 세기 묵은 지정학적 야
망을 포기하고, 수 세기 묵은 불안감을 내려놓고 자국의 역사적 이익 권
역을 포기하는 한이 있어도 말이다.

러시아는 유감스럽게도 결국 이 길을 거부했지만 놀랍지는 않다. 오랜
세월 러시아가 품어온 야망과 불안감은 외세의 위협에 대한 국민의 공포
심으로부터 이득을 보는 독재자의 전통과 더불어, 러시아가 과거의 고질
적 습관에서 벗어나기 어렵게 만들었다.

3세기에 걸친 대부분의 기간 동안 러시아 제국은 발트해부터 흑해에 달
하는 영토와 폴란드 일부까지 모조리 아울렀다. 수십 년 동안 소련은 미
국에 맞먹는 "초강대국"이자 "양극 체제"의 공동 관리자 대접을 받았다.
냉전시대는 많은 러시아인들이 생활수준과 개인의 자유 측면에서 저점을
찍었지만, 강대국이자 제국으로서 러시아의 오랜 역사에서 볼 때 러시아
군대가 유럽을 가로질러 파리를 점령했던 1814년의 승리에 맞먹는 고점
이었다. 냉전시대 동안 이러한 초강대국으로서의 역할에 대한 자부심은
러시아 국민들이 나라 안에서 겪은 궁핍과 만행을 어느 정도 보상해주었
다. 러시아가 냉전 종식 후 자국이 걸어온 역사적 궤적을 수정했다면, 독
일과 일본처럼 지정학적 경쟁을 포기하고 경제 발전을 선택해 생활수준
을 향상시키고 자유주의적 세계경제에 완전히 통합되었다면, 세계무대에
서 러시아가 역사적으로 누린 강대국 지위를 포기하는 대가로 보다 나은
삶을 누렸을지 모른다.

우리는 러시아의 보통 사람들이 초강대국의 지위를 자유롭고 안전하고
보다 풍요로운 삶과 기꺼이 맞바꿨으리라고 믿고 싶어 한다. 이는 "근대

화된" 자유주의 성향의 우리가 지닌 믿음의 일환이다. 그러나 러시아 국민이 "자국의 위대함을 회복"하려는 욕망은 냉전 이후 러시아 정치에서 중요한 요인으로 드러났다. 블라디미르 지리노프스키 같은 초강경 민족주의자가 선거에서 꾸준히 25퍼센트의 지지율을 기록했고, 지리노프스키의 공약은 엄밀히 말해서 국가안보보다는 국가의 영예, 국가의 위대함, 러시아 문화의 부흥과 관련이 있었다. "러시아의 역사적 국경을 되찾지 못하면" 러시아 국민은 "서서히 쇠락해 멸절하게 된다."고 그는 주장했다. 1999년 3월 미국이 세르비아에 폭격을 가하자 러시아가 격분한 까닭은 그들이 같은 슬라브족으로서 동질감을 느껴서일 뿐만 아니라, 러시아가 어찌 해볼 역량이 없다는 현실이 세계무대에서 초라해진 러시아의 지위를 상기시켜주었기 때문이기도 하다. 서구 진영이 제공한 수십억 달러의 금융지원조차도 치욕스러웠다. 1930년대에 스탈린은 "우리는 미국을 따라잡고 추월하게 된다."고 약속했다. 그런데 미국이 러시아에 원조를 하고 있었다.[139]

고르바초프가 시작하고 옐친이 이어받아 실행한 정치적, 경제적 개혁이 러시아의 경제적 사정을 개선하지도, 진정한 민주정체를 탄생시키지도 못했다는 사실도 도움이 되지 않았다. 대신 극소수만 부유하고 막강해졌고 나머지는 고통을 받았다. 미국과 서방 진영은 결국 러시아에 수십억 달러를 제공하게 되었지만, 부시 행정부가 인색하게 굴었던 맨 처음 시작 단계를 포함해서 위기의 순간들이 있었다. 서유럽에서처럼 러시아를 위한 마셜플랜은 없었다. 곧 러시아는, 제1차 세계대전 후 독일의 배신(stab-in-the-back) 스토리와 같은 러시아판 스토리를 만들어냈다. 고르바초프와 옐친이 서구 진영에 항복한 악당으로 등장해 동부 유럽과 중부 유럽에서 러시아가 누리던 지위를 포기하고 소련이 해체되도록 내버려 두는 이야기 말이다. 푸틴은 이를 두고 20세기 최악의 "지정학적 대참사"라고 일컬었다.

따라서 미국과 서구 진영은 러시아의 안보에 대한 위협이라기보다 러시아의 야망과 자부심에 대한 위협으로 간주되었다. 많은 러시아인들은 푸틴을 따라 북대서양조약기구의 확대를 서구 진영이 러시아에 대해 적대적인 의도를 품고 있는 증거라고 지목했다. 그리고 이러한 확대 결정을 비판하는 많은 미국인들도 이에 동조했다. 그러나 러시아 장군들과 전략가들은 북대서양조약기구의 확대는 이 동맹기구의 전체적인 군사역량을 증진시키지 않는다는 사실을 비공식석상에서는 솔직히 시인했다. 냉전이 끝나고 20여 년 동안 유럽에 주둔하는 미군의 수가 꾸준히 줄었고, "회원국들의 합동 군사역량"도 전체적으로 줄었다. 러시아가 추산해보아도 그러했다.[140] 고르바초프가 레이건 시대의 군비증강에 대해 우려한 정도보다 푸틴이 버락 오바마 정권 때 미국이나 북대서양조약기구 위협에 대해 더 우려했을 가능성은 희박하다. 북대서양조약기구의 확대는 러시아의 안보보다는 러시아가 역내의 이익 권역을 재주장할 역량과 동유럽과 중부 유럽에서 지배적인 국가로서의 지위와 세계무대에서 미국에 맞먹는 국가로서의 입지를 되찾을 역량을 훨씬 더 위협했다.

이는 엄밀히 말해서 합리적인 생각은 아니지만 자부심과 명예는 국익에 대한 합리적인 계산보다 훨씬 큰 위력을 발휘하곤 한다. 이런 정서가 국가의 행동을 결정하는 경우가 흔하다. 자부심과 명예가 19세기 말과 20

세기에 자칭 "가진 것 없는" 나라였던 독일과 일본의 정책 수립에도 분명히 영향을 미쳤다. 그 결과 말이 씨가 되었다. 자부심과 명예라는 정서에 따라 독일이 보인 행동으로 독일 지도자들이 우려한 바로 그 곤경에 처하게 되었다. 적대적인 이웃나라들에 둘러싸이게 된 것이다. 러시아의 행동도 똑같은 효과를 낳았다. 오바마 행정부 말기 무렵 푸틴이 북유럽에서 중동까지 러시아의 영향력과 군사적 관여를 복구하려고 시도하면서 이웃나라들을 불안하게 만들자, 미국은 오래전부터 꾸준히 군사력을 철수시켜온 지역에서 미국의 군사 역할을 증진해야 할 필요를 느꼈다. 30년 만에 처음으로 2017년에 동부 유럽에 주둔하는 미군이 증가했다.

서구 진영의 많은 이들은 이를 전형적인 "안보 딜레마"로 보고, 오해를 해소하고 긴장을 완화하고 상호 안보를 증진할 방법을 모색한다. 2009년 러시아와의 관계를 "재설정"하려는 오바마 행정부의 노력을 뒷받침한 이론이 그와 같았다. 그러나 이 노력은 실패했다. 러시아의 진정한 속내와 동기를 오판한 게 가장 큰 이유다. 국제관계 이론가들이 일컫는 안보 딜레마에서는 양측이 모두 불안감을 해소하려고 하는데도 불구하고 양측 모두에서 불안감이 고조된다. 양측 모두 긴장을 해소하려는 욕구가 있는데도 긴장이 고조된다. 그런데 불안감과 긴장의 해소는 푸틴이 추구하는 목표가 아니었다. 그는 양측에서 긴장과 불안이 고조되기를 바랐다. 그리고 그는 그러기를 바랄 만한 이유도 있었다.

러시아가 직면한 문제는 푸틴과 많은 러시아인들이 추구하는 위대함이 안전하고 안정된 세계에서는 달성하기가 불가능하다는 점이다. 자유주의 질서가 일관성 있고 응집력 있는 세계에서는, 특히 유럽에서는, 그리고 미국이 자유주의 세계질서가 가능케 하는 기본적인 보장들을 계속 제공해줄 의지와 역량이 있는 세계에서는 도달하기 불가능한 목표였다. 오늘날 러시아의 경제는 그 규모가 스페인의 경제와 맞먹는다. 핵전력을 제외하면 러시아 군사력은 더 이상 초강대국이 아니다. 인구 변화 추세를 보면 러시아는 쇠락하고 있는 나라다. 현재의 세계질서에서 러시아는 안전을 유지할 기회를 얻을 수 있지만 초강대국이 될 기회는 없다. 세계무대에서 위대함을 성취하려면 러시아는 러시아도 그 어떤 나라도 안보를 누리지 못하는 과거로 세계를 되돌려 놓아야 한다. 러시아가 과거에 세계무대에서 행사했던 영향력을 되찾으려면 자유주의 질서는 약화되고 무너져야 한다.

그런 세상에서 러시아는 위대함을 회복할 절호의 기회뿐만 아니라 푸틴의 개인적 야망을 달성할 기회도 얻게 된다. 그런 세상은 강력한 통치를 정당화하고 그런 지도자가 필요하다. 러시아 역사에서, 특히 20세기 역사에서, 국가의 안보 불안 혹은 안보가 불안하다는 인식은 강력하고 억압적인 정부를 정당화했다. 과거의 황제들처럼 푸틴은 러시아 국민에게 "방대한 영토"를 수호하고 "세계 문제에서 중요한 입지"를 확보하려면 "러시아 국민이 어마어마한 희생과 고난을 견뎌내야 한다."라고 말한다.[141] 스탈린도 이와 거의 비슷한 발언을 했고, 푸틴은 미국을 나치 독일과 비교하고 우크라이나를 비롯해 도처에 있는 적수들을 나치라고 주장하면서, 대조국 전쟁(the Great Patriotic War)과 과거 러시아의 영광을 상기시킬 뿐만 아니라 스탈린 같은 강력한 지도자가 필요하다고 선동한다.

자유 진영에 대해 푸틴이 적개심을 품게 된 사사로운 이유도 있다. 푸틴은 권력을 공고히 한 이후로 외부의 자유주의 세력이 자신의 권위주의적인 내치를 훼손할까봐 노심초사했다. 구소련 영토인 조지아, 우크라이나, 키르기스스탄에서 일어난 민주혁명 뒤에는 하나같이 서구 진영, 특히 미국이 뒷배로 작용했다고 푸틴은 믿었다. 독재정권이 축출될 때 외부 세력이 결정적인 역할을 했던 적이 거의 없는데도 말이다. 그가 북대서양조약기구의 확대에 반대한 진짜 이유는 이 동맹기구의 군사력이 동쪽으로 진출할까봐 우려했다기보다 민주정체 국가들이 러시아의 국경에 훨씬 근접하게 되기 때문이었다. 푸틴이 우크라이나가 유럽연합과 무역협정 협상을 할 때 속내를 드러냈듯이, 북대서양조약기구의 동진 못지않게 유럽연합의 동진에 대해서도 우려했다.

전략적이라기보다 심리적이고, 외부에서 비롯된 원인이라기보다 내재적 원인인 이러한 복잡다단한 감정을 누그러뜨리려면 미국과 서구 진영이 어떤 양보를 해야 하는지는 파악하기가 어렵다. 오바마가 추진한 러시아와의 관계 "재설정" 정책, 러시아의 반대에 대한 대응으로 폴란드에 배치된 미사일 방어망을 감축하겠다는 결정, 우크라이나를 공격한 러시아에 대한 미온적인 대응, 시리아에서 그리고 보다 폭넓게 중동 지역에서 러시아의 군사적 역할을 수용하겠다는 오바마의 태도는 러시아의 불안감을 해소하거나 푸틴의 야망을 누그러뜨리는 데 아무 효과가 없었다. 대선 선거운동 내내 러시아와의 관계를 개선할 의지를 표명한 트럼프가 당선됐지만 푸틴이 세계에 접근하는 방식에 영향을 미치지 못했다. 미국이 러시아 역내에서 러시아의 이익 권역을 인정해야 한다고 주장하는 이들은 러시아의 역사적인 이익 권역은 우크라이나에서 끝나는 게 아니라 우크라이나에서 시작된다는 사실을 기억해야 한다. 러시아의 이익 권역은 발트해 국가들과 폴란드까지 아우른다.

역사가 증명하듯이 이 길로 들어서면 위험하다. 러시아의 불안감을 진정시키고 러시아의 야망을 충족시켜준다는 희망으로 우크라이나의 독립, 조지아의 독립, 혹은 발트해 국가의 독립을 희생시킨다고 해도 그러한 양보는 문제를 해결하지 못한다. 일본에 만주를 넘겨주고 독일에 체코슬로바키아를 넘겨주었어도 문제를 해결하지 못했듯이 말이다. 제2차 세계대전 후 구축되어 거의 75년을 평화가 유지되었던 까닭은 일본과 독일의 야망과 불안감을 수용했기 때문이 아니다. 이 두 나라는 냉전 막바지에 러시아가 겪은 고통과는 비교할 수 없을 정도로 연합군의 손에 더할 나위 없는 참혹한 경험을 했지만 말이다. 자유주의 세계질서가 국제 평화에 가장 크게 기여한 바는 강대국들의 이익 권역을 해체하고 거부했다는 사실이다. 그러한 권역을 다시 인정하고 수용하기 시작하면 역사의 패턴으로 되돌아가는 퇴행의 한 걸음을 크게 내딛는 셈이다.

유감스럽게도 자유주의 질서는 훼손될 만큼 훼손되었고, 미국이 세계에서 하는 역할은 더할 나위 없이 불확실하므로 푸틴은 이러한 약점을 계속 파고들 게 틀림없다. 지금까지 푸틴은 전쟁과 평화 사이의 회색지대에서 딱히 규정하기 어려운 애매모호한 행동—침략인 듯 아닌 듯한 행동, 분쟁의 동결, "현지인으로 위장한 러시아 군인", 인터넷과 소셜미디어 조작을 통한 미국과 유럽에서의 선거 개입—을 통해 자유주의 세계질서를 어지럽히고 분열시키고 훼손할 방법을 모색해왔다. 푸틴이 우크라이나에 대해서 또다시, 아니면 에스토니아 같은 북대서양조약기구 회원국에 대해서까지도, 앞으로 보다 노골적인 형태의 공격으로 돌아설지 여부는 그가 미국의 태도와 자유주의 세계질서의 상태를 어떻게 해석할지에 달렸다. 자유주의 세계질서가 튼튼하고 안정적이고 미국이 이를 든든히 뒷받침한다면 푸틴은 신중을 기할 것이다. 러시아가 서구 진영과의 대결에서 패하는 건 치욕적인 일이고, 푸틴은 국내에서 권력 장악력을 잃게 된다.[142] 그러나 푸틴이 보기에 자유주의 세계질서가 취약하고 분열되어 있다고 판단하면, 그는 한층 더 대담한 조치를 취하고 싶은 유혹을 느끼게 된다. 미국이 유럽의 동맹국을 방어할 태세가 되어 있지 않다는 증거만큼 자유주의 세계질서를 파괴하고 러시아를 다시 세계무대의 강자로 복귀시킬 강력한 요인은 없다.

푸틴이 자유주의 질서 체제를 시험해보겠다고 마음먹으면 미국의 대통령은 엄혹한 선택에 직면하게 된다. 러시아에 대한 경제제재만으로는 북대서양조약기구 동맹들에 대한 공격에 대한 해답이 되지 못한다. 회색지대에서의 애매모호한 공격에 대해서조차도 해답이 못 된다. 북대서양조약기구의 재래식 군사력을 이용하면 러시아와 미국, 두 핵보유국은 한판 대결에 직면하게 된다. 푸틴은 이미 핵무기를 이용해 미국과 유럽을 협박하고 있다. 케네디가 1962년 흐루쇼프와 맞섰듯이, 미국이 다시 정면대결을 할 태세를 갖추면, 푸틴은 물러설 가능성이 높다. 그러나 미국 대통령이 그를 물러서게 할 만큼 배짱이 있고 사태를 제대로 파악할까? 오바마 대통령은 우크라이나를 두고 핵전쟁의 위험을 감수하고 싶지 않다고 말했는데, 그런 반응을 접하고 나서 다음과 같은 의문이 들지 않을 수가 없었다. 핵보유국이 공격적인 행위를 할 때마다 미국이 한발 물러난다면 앞으로 점점 더 물러나게 된다. 자유주의 세계질서가 계속 훼손된다면 우리는 이런 종류의 의문에 점점 더 자주 접하게 된다. 지금까지는 자유주의 세계질서를 훼방하는 자가 그 지경까지 사태를 끌고 가기 전에 모두 제어당했지만, 미국이 더 이상 이 질서를 수호할 결의가 없어 보이는 세계에서 그들은 보다 위험한 다른 길을 택할지 모른다.

중국은 지난 몇 년 사이 러시아보다 훨씬 신중한 태도를 보여왔지만, 변화의 양상이 나타나고 있다. 중국 지도자들이 신중한 태도를 보여 온 까닭은 러시아와 마찬가지로 중국도 미국의 힘과 견고한 자유주의 세계 질서가 억제력으로 작용했다는 이유도 있다. 그러나 또 다른 이유도 있다. 러시아와는 달리 중국은 현재의 질서하에서 번영할 수 있었기 때문이다. 미국이 주도하는 자유주의 질서하에서 러시아는 초강대국 지위를 상실했지만 중국은 그 지위를 향해 가까이 다가갔다. 자유주의 세계질서하에서 중국보다 더 수혜를 입은 나라는 거의 없다. 중국은 이 질서에 완전히 합류하지도 않았는데 말이다. 과거 두 세기 대부분의 기간 동안 중국은 영국, 프랑스, 러시아, 독일에 의해, 그리고 1915년부터 중국의 방대한 지역을 침략하고 점령한 일본에 의해 가장 혹독하게 착취당했다. 제2차 세계대전에서 미국이 일본에 승리한 후 중국은 이러한 외세 침략자들로부터 해방되었다. 일본은 패배했고, 영국과 프랑스의 제국들은 해체되었으며, 한국과 베트남에서―둘 다 마오쩌둥의 주도로―미국과 직접적, 간접적으로 대결한 후 1960년대 말 화해 분위기가 조성되면서 미국은 적대적인 소련으로부터 중국을 보호해주겠다고 제안했다. 그 결과 마오쩌둥이 정계에서 사라지자, 중국은 근래 역사에서 전례 없는 기회, 지정학으로부터 벗어나 국내 경제 발전에 집중할 기회를 얻었고 오늘날의 경제대국이 되었다. 중국의 안보를 사실상 미국이 보장해주는 여건하에서 중국은 미국의 해상력이 자유로운 항행을 보장하는 물길을 따라 오가며 무역을 했고, 미국의 힘과 자유주의 질서가 수호하는 평화로운 세계에서 중국은 점점 증가하는 국내총생산에서 아주 적은 비율만 국방비로 지출하는 한편 등소평의 외교정책, 자신을 드러내지 않고 실력을 기르며 때를 기다린다는 "도광양회(韜光養晦)" 정책을 추진했다.

미국이 세계 안보와 지역 안보를 보장하고 일본 같은 중국의 잠재적 적들을 다잡는 동안, 중국은 점점 부유해지고 경제적 영향력을 강화하면서 한동안 이 길을 계속 갈 수도 있었다. 미국에서 새 행정부가 들어설 때마다 미국 관리들은 중국이 계속 그 길을 택하기를 바랐다. 그러나 최근 몇 년 사이 중국이 택한 길은 그 길이 아니었다. 중국이 더욱 부유해지고 더욱 막강해지고 더욱 안전해지면서 중국 지도자들과 국민은 패권을 추구하던 과거의 중국으로 되돌아갔다. 과거에 "중국은 대국"이었고, 다시 대국이 될 자격이 있다고 그들은 주장한다. 최근 몇 년 사이 '불만스러운 중국'이라는 제목의 『중국불고흥(中國不高興)』 같은 강경한 국가주의자 저서가 베스트셀러에 올랐는데 이는 중국 국민 사이에 점점 확산되고 있는 여론을 반영한다.[143] 중국의 주류 사상가들까지도 중국이 역내에서 그리고 세계무대에서 훨씬 자국의 목소리를 강하게 내야 한다고 주장한다. 얀쉐퉁 같은 전략사상가들은 "도광"은 중국이 비교적 약했던 덩샤오핑 시대에는 적합했을지 모르지만, 이제 중국이 보다 막강해졌고 국제사회에

서의 지위도 상승된 만큼 "도광 정책을 계속한다면 득보다 실이 많다."라고 주장한다.[144]

도광 정책이 야기할 "실"은 안보와는 무관하다. 중국은 미국이 지역 안보에 계속 관여하는 한 미국의 공격을, 심지어 일본의 공격도 두려워할 이유가 없다. 얀쉬에통 같은 중국 사상가들은 중국이 외세의 침략이나 공격의 위협에 직면해 있다고 주장하지도 않는다. 중국이 두려워하는 것은 그들이 국가로서 보다 거창한 목표를 달성하지 못하게 방해받는 상황이다. 중국 학자 왕지시에 따르면, 중국은 미국이 "부상하는 국가들, 특히 중국이 국가적 목표를 달성하고 국제적 지위를 강화하는 것을 막으려" 한다고 본다. 이는 무엇보다 대만과 본토를 통일하고 남중국해에 대한 중국의 통제권을 국제사회가 인정하게 만드는 것을 뜻한다. 중국은 이러한 지역들을 "핵심 이익(core interests)"이라 일컬으면서, 이러한 중국의 야망을 부인하는 행위 자체가 중국의 안보에 대한 일종의 공격이라고 주장한다. 19세기에 미국도 먼로 독트린으로 비슷한 주장을 했다. 당시에 미국은 아직 행사할 힘이 없이 패권을 주장했지만 무사했다. 세계가 미국에 유리하게 짜여 있었기 때문이다. 중국이 직면한 난관은 세계가 중국에 유리하게 짜여 있지 않다는 사실이다. 적어도 아직은 아니다. 중국은 이를 바꾸려고 한다. 중국 사상가와 관리들이 "도광"과 "양회"가 더 이상 납득 불가능한 접근 방식이라고 주장할 때, 그 뜻은 이러한 상황을 더 이상 용납할 수 없다는 의미다. 다시 말하지만, 이는 "안보 딜레마"가 아니다. 중국이 우선적으로 추구하는 목표가 안보가 아니기 때문이다. 이는 부상하는 국가가 자국이 가려는 길을 기존의 힘의 구조가 막고 있을 때 처하게 되는 딜레마다.

　한동안 중국은 덩샤오핑이 제시한 신중한 노선을 계속 걸을지, 아니면 보다 공격적인 새로운 노선을 택할지에 대해 갑론을박했다. 오늘날 보다 대결적인 접근 방식이 분명히 힘을 얻고 있다. 이러한 변화는 미국과 비교해볼 때 중국의 힘에 대한 인식이 바뀐 까닭도 있다. 세대 차이에서 비롯되기도 한다. 덩샤오핑 세대에게는 1980년대에 중국이 이룬 성과는 과거 두 세기에 걸쳐 중국이 고난을 겪은 후 일구어낸 기적이었다. 도광양회는 이 모두를 잃을 위험을 감수하지 않겠다는 뜻이었다. 그러나 가장 젊은 중국 지도자 세대는 더 이상 과거의 성과에 만족하지 않는다. 그들은 새로운 중국몽을 꾸고 있다. 19세기 독일에서도 비슷한 변화가 일어났다. 독일을 통일하고 유럽에서 막강한 중심적 입지를 확보한 비스마르크 세대가 물러나고 신세대가 등장해 현상에 불만을 품고 세계무대에서 대영 제국과 맞먹는 입지를 추구했다. 중국 지도자 시진핑은 중국이 세계무대에서 주도국으로서, 그리고 다른 나라들의 본보기로서 미국과 동등한 지위를 추구하겠다고 분명히 밝혔다. 지난해 그는 "중국은 일어섰고, 부유해졌고, 이제 강해지고 있다."라고 선언했다. 따라서 중국은 이제 "포괄적인 국가의 힘과 국제적 영향력 면에서 세계 지도자"가 되어야 하며, "자유주의적 민주정체 모델의 대안으로서 다른 나라들에게 새로운 선택지를 제시해야 한다."라고 했다.[145]

　중국을 예의 주시하는 이들은 중국의 경제가 발전하면 시간이 흐르면서 중국의 국내 정치도 자유화되리라고 주장하곤 했다. 그들은 보다 자유롭고 개방적인 사회에 보상한다고 알려진 정보시대에 중국이 생산의 사다리를 계속 오르려면 반드시 정치 자유화가 필요하다고 주장했다. 클린턴 대통령 말마따나, "생각하고 의문을 제기하고 창의력을 발휘할 전면적인 자유가 없다면, 국부의 원천이 인간의 생각으로부터 비롯되는 정보시대에 완전히 개방된 사회와 경쟁해야 하는 중국은 분명히 불리한 입장에 놓이게 된다."[146] 국내에서의 정치적, 경제적 자유화는 중국 기업들이 자유경제 질서에 더 깊이 침투하게 되면서, 다시 보다 온건하고 수용적인 외교정책으로 이어진다. 그 결과 미국은 긴장을 완화하고, 도발을 피하고, 중국의 온건 세력이 외교정책에서 대결을 피하는 길로 선회하도록 만드는 대중국 정책을 취하게 되었다.

이러한 정치경제 발전 이론에 대한 믿음은 빗나갔음이 증명되었다.[147] 최근 몇 년 사이 중국은 정치적으로 자유화하지 않고도 적정한 경제성장을 달성했고, 경제를 훼손하지 않고도 세계무대에서 점점 자기 목소리를 강하게 내왔다. 오늘날 시진핑이 마오쩌둥 시대 이후로 보지 못했던 방식으로 권력을 강화하면서 중국 외교정책은 한층 더 강경해지는 듯하다.

중국에게 중요한 문제는 과연 미국이 동아시아에서 자신이 구축한 질서를 수호하기 위해서 전쟁을 감수할 의지가 여전히 있는지, 아니면 1945년부터 지배해온 이 지역에서 물러날지 여부다. 미국이 역내에서 질서를 수호할 의지가 확고하다면 중국은 여전히 상당한 장애물에 직면하고 있는 셈이다. 중국은 힘과 영향력이 강해지고 있지만 여전히 동맹국도 없고, 다른 강대국들에 둘러싸여 있으며, 이 가운데 많은 나라들이 미국과 동맹관계이거나 안보협정을 맺고 있다. 미국이 강하고 의지가 굳고 자유주의 세계질서가 여전히 건강하고 참여국들이 일치단결되어 있다면, 중국의 도전은 실패할 수 있고, 이는 중국 지도부의 정권을 위협하게 된다. 중국은 미국에 대들었다가 불행한 결과를 초래한 일본의 사례를 상기한다. 야마모토 제독이 예언한 바와 같이, 일본은 초창기의 승리에 도취해 한동안 "안하무인격으로" 행동했고, 역시 야마모토 제독이 예언한 대로, 미국의 압도적인 산업역량과 공격을 막아내는 무적에 가까운 위력과 많은 동맹국들로 인해 결국 박살이 났다. 중국도 대만이나 남중국해를 놓고 미국과 전쟁을 하게 되면, 초기에는 승리할지 모르지만 또다시 잠든 거인을 깨우게 되고, 그 거인이 산업역량과 세계 동맹국들을 총동원해 반격하면, 장기적으로 볼 때 중국은 패배한다는 사실을 틀림없이 알고 있다.

그러나 이 논리는 잠든 거인이 두 번째로 깨어난다는 전제를 깔고 있다. 만약, 그리고 실제로 중국 지도자들이 미국을 너무 약하다고 인식하거나, 미국이 동아시아에서 자유주의 질서를 계속 수호할 의지가 없다고 인식하면 위험해진다. 그래도 여전히 중국에게는 도박이지만, 부상하는 국가들은 이런 상황에서 도박을 거는 경향이 있다.

오늘날 문제는 지정학이 귀환한 게 아니라 러시아와 중국이 한동안 중단했던 과거의 야망을 다시 추구하기 시작했다는 점이다. 이는 불가피했다. 문제는 자유주의 세계질서 자체가 더 이상 지난 70년 동안 해왔듯이 그러한 야망을 봉쇄하고 꺾을 만큼 건강하고 튼튼하지 않을지 모른다는 점이다. 이러한 세력에 맞설 의지와 역량이 미국을 비롯해 도처에서 쇠락하고 있다. 자유주의 세계질서에 속한 국가와 국민들조차 과거의 전철로 되돌아가고 있고, 어찌 보면 미국이 이러한 과정을 재촉해왔다.

156

그 한 사례가 일본이다. 처음에는 미국의 점령으로, 그리고 괄목할 만한 경제성장으로 침잠하고 억눌려온 과거 국가주의 충동이 다시 부상하기 시작했다. 이는 어찌 보면 불가피한 면도 있었다. 제2차 세계대전과 일본의 처절한 패배를 겪은 세대는 꾸준히 세상을 떠나고 있다. 일본 총리 아베 신조는 1954년생이다. 신세대는 당연히 일본이 다시 "정상"국가가 될 수 없는 이유를 묻게 되고, 이는 보다 강력하고 제약을 덜 받는 군사력과 외교정책에서 동맹국인 미국으로부터 보다 폭넓은 독립을 누리겠다는 뜻이다. 1970년대와 1980년대 경제호황에 뒤이어 긴 침체를 겪으면서 일본인들은 세계에서 가장 역동적인 경제국가로 손꼽히면서 누렸던 자부심과 명예—전쟁 이전의 시대에 일본이 지정학적인 입지로 누렸던 자부심을 대체할 대상—를 박탈당했다.[148] 새로운 세대들은 "사죄 피로감"에 시달리기도 한다. 그들은 끊임없는 사죄 요구, 특히 일본이 제2차 세계대전 동안과 그 전에 저지른 범죄에 대해 사과하라는 중국과 한국의 요구에 넌더리를 낸다. 일본인들은 중국의 이러한 요구를 일본의 역내 입지를 약화시키려는 시도로 보고 있고, 이는 사실이다. 그러나 점점 더 많은 일본인들이 사과할 거리가 없다는 입장이다. 일본 역사 교과서는 과거의 잘못을 누락하거나 최소화하는 사례가 늘고 있다.[149] 아베 총리는 일본인들이 "전쟁과 무관한 자신의 자녀, 손녀손자, 앞으로 등장할 세대가 사죄할 운명에 놓이지 않도록 해야 한다."라고 주장해왔다.[150] 독일에서는 극우 단체들이 비슷한 견해를 표명하지만 국가 지도자 가운데 아무도 감히 그런 견해를 피력하지 못한다. 독일에서는 금지된, 과거에 대한 국가주의자들의 주장이 일본에서는 점점 확산되고 있다. 일본 국가주의는 분명히 상승 추세이고, 역내 다른 나라들을 진정으로 우려하게 만드는 방식으로 표출되고 있다.

최근 몇 년 사이 미국은 이처럼 부상하는 국가주의 정서를 잠재우기보다 부추기는 데 일조해왔다. 미국은 일본과 지역 안보를 보장한다고 거듭 강조함에도 불구하고, 이를 보장할 믿을 만한 주체가 아니라는 인식이 점점 높아졌다. 독일과 달리 일본은 위협적인 환경에 놓여 있고, 위협은 점점 강해지고 있다. 중국은 동중국해에서 일본에 대해 보이는 태도를 비롯해 보다 공격적이고 다툼을 야기하는 길을 추구하고 있고, 김정은 정권이 핵무기 개발과 탄도미사일 개발 프로그램에서 계속 진전을 이루면서 북한으로부터의 위협도 상당히 강화되고 있다. 미국이 이 두 가지 난관을 제대로 해소하지 못하면서, 적어도 일본의 관점에서 볼 때 미국의 힘이 이 지역에서 계속 작동할지에 대한 의구심이 이미 만연해 있다. 중국과 마찬가지로 일본도 미국을 쇠락의 관점에서 인식하고 있다. 일본은 미국의 해상력이 한계에 도달했고, 미국 의회는 미국의 역량을 증강하기 위해 필요한 비용의 지출을 계속 막고 있는 현실을 두 눈으로 목격하고 있다. 일본도 많은 미국인들과 마찬가지로 미국이 돌이킬 수 없는 쇠락의 길에 들어선 게 아닌지 의구심을 품고 있다. 이러한 우려는 조지 W. 부시 시절에 시작되었다. 당시 미국은 중동에서 전쟁을 수행하느라 정신이 팔려 있는 듯했지만, 공교롭게도 일본의 생각에 가장 큰 영향을 미쳤을지 모르는 사건은 오바마가 2013년 시리아에서 군사력을 사용하지 않기로 한 결정이었다. 아베의 한 보좌관이 훗날 말했듯이, 미국이 더 이상 "세계의 경찰" 역할을 하지 않는다면 일본은 더 이상 "미국이 우리를 보호해주리라고 믿을 수" 없었다. 그러한 우려 때문에 일본이 더욱더 서둘러 국가주의의 길을 택하게 되었고 이는 지역 평화와 중국과의 갈등 가능성에 중요한 의미를 지닌다.[151]

미국의 유럽 동맹국들은 어떤가? 2016년 여름 브렉시트 표결을 한 달 앞두고 당시 영국 총리 데이비드 캐머런은 다음과 같이 물었다. "유럽 대륙의 평화와 안정이 의심의 여지없이 보장된다고 자신할 수 있을까?" 유럽인들이 여전히 자신들이 "21세기를 주도할" 운명이라고 믿었던 10년 전이라 해도 이는 놀랄 만한 질문이었을지 모르지만, 오늘날에는 이를 황당한 질문이라고 믿고 싶어도 황당한 질문이 아니다. 영국 역사학자 니얼 퍼거슨이 말했듯이, "역사를 돌이켜보면 우리는 유럽 대륙의 안정을 과대평가하지 말아야 한다."[152] 냉전 후에 구축된 폭넓은 유럽 평화는 아직 30년이 채 되지 않았다. 유럽연합은 훨씬 그 역사가 짧다. 제2차 세계대전 이전에 유럽이 누린 가장 긴 평화는 1871년 프랑스-프로이센 전쟁이 끝난 후부터 1914년 제1차 세계대전이 발발할 때까지 43년 동안 지속되었고, 그 다음에 찾아온 평화는 알다시피 겨우 20년 지속되었다. 이러한 전쟁들은 국가주의의 부상과 세계적인 정세불안과 19세기에 존재했던 세계질서가 무너진 결과였다. 그러한 여건들이 다시 조성되고 있다.

19세기와 20세기에 발발한 이 세 차례 전쟁 모두 주요 쟁점은 독일이었다. 너무 부유하고 인구도 많고 막강해져서 다른 유럽 국가들이 견제하거나 제어하지 못하게 된 독일, 적대적인 이웃나라들에 둘러싸여 점점 불안감에 휩싸이게 된 독일이 쟁점이었다. 오늘날 독일 국민이 지닌 자유롭고 평화로운 성향으로 미루어볼 때 독일이 갈등을 야기한다는 생각조차

하기 어렵다. 그러나 캐머런의 발언에서 나타났듯이, 유럽 국가들이 독일을 예의 주시하고 있다는 사실을 부인하기 어렵다. 많은 유럽 국가들이, 서구 진영에서는 영국과 프랑스가, 동구 진영에서는 폴란드와 러시아가 통일된 독일의 미래를 불안한 시선으로 지켜본 게 30년이 채 안 되는 과거의 일이었다.[153] 프랑스 대통령 프랑수아 미테랑은 시계가 1913년으로 되돌아간다고 공개적으로 우려를 표했다. 영국 총리 마거릿 대처는 통일 독일이 "그 속성상" 유럽에서 "안정을 해치는 세력"이 되지 않을지 의문을 던졌다.[154] 영국 역사학자 마이클 하워드는 "독일 문제"가 단순히 "인식의 문제"일지 모르지만, 그럼에도 불구하고 문제가 있는 건 사실이라고 시인했다.[155] 독일인 자신들도 이 문제를 뼈저리게 인식하고 있었다. 독일 사상가 랄프 다렌도르프는 "유럽에서 독일이라는 망령은 놀라울 정도로 신속히 되살아난다."라고 했지만, 그런 그조차도 1990년에 다음과 같이 시인했다. "독일로 말하자면, 나는 희망과 두려움 사이에서 갈등한다. 유럽 전역에서 많은 이들이 그러리라고 생각한다."[156]

당시에는 그 해답을 미국이 제시했다. 조지 H. W. 부시 행정부와 독일 총리 헬무트 콜은 통일 독일 전체가 북대서양조약기구에 합류하리라고 약속해 서둘러 유럽 국가들을 안심시켰다. 냉전이 끝난 후에도 북대서양조약기구가 존속된 까닭은 "독일 문제" 때문이지만, 이는 아무도 발설하지 않는다. 러시아를 봉쇄하기 위해서도 아니고, 미국이 세계를 순찰하는 일을 돕기 위해 "역외로 진출"하기 위해서도 아니며, 그저 유럽 자체의 평화와 안정을 보존하기 위해서였다. 그리고 그 이후로 "독일 문제"에 대한 두려움은 근거 없음으로 판명되었다. 미국은 여전히 독일의 국방비 지출이 너무 낮고, 보유한 군사력을 사용하기 꺼린다고 불평한다. 그러나 나머지 유럽 국가들은 독일이 자국의 과거를 뼈저리게 의식하고 있고, 자국이 점증하는 국가주의(nationalism)와 자립(self-reliance)이라는 길을 향해 치달을까봐 경계하는 정서가 일본의 경우보다 높으며, 독일 국민은 여전히 세계에서 가장 자유롭고 평화를 사랑하는 국민이라는 사실에 대해 불평할 이유가 없다.

그러나 "독일 문제"는 결코 단지 독일인의 국민성과 그들이 하는 선택의 문제만은 아니었다. 지리적, 인구 구조적, 경제적, 지정학적 현실의 문제이기도 했다. 많은 역사학자들이 주장하듯이, 독일은 우여곡절 끝에 "현대화"의 길을 택했지만 매우 복잡한 국제적 여건들을 헤쳐 나가야 했으며, 그 가운데 하나가 나머지 유럽 국가들에게 너무 부담스러운 거대한 몸집을 지니게 된 통일 독일이었다. 유럽연합과 북대서양조약기구 모두의 회원국으로 합류하는 조치를 비롯해 자유주의 세계질서가 부여하는 다각적인 제약 내에서만이 독일은 그 이웃나라들과의 관계에서 용인 가능한 수준의 상호 신뢰를 가까스로 누리게 되었다.

독일인 본인들이 이 신뢰를 구축하는 데 가장 결정적인 역할을 했다. 독일은 유럽공동체와 유럽연합 구축에 힘을 보탰고, 그들이 소중히 여기는 도이치마르크를 포기하고 유로화를 채택했으며, 통일 후에 북대서양조약가구를 강화하는 데 힘을 쏟았다. 독일 전략사상가 크리스토프 버트람이 지적하듯이, 독일이 통일되면 그 지도자들은 "새로운 통일 독일의 힘을 우려하는 이들 뿐만 아니라 독일의 과거에 대해 우려하는 이들의 격정도 달래주어야 한다는 사실"을 알고 있었다. 독일은 "자국이 지닌 비중과 힘을 자신감 있게, 그리고 현명하고 사려 깊게 이용"해야 했다.[157] 그리고 대체로 그리했다. 독일은 해변에 누워 일어나지 못하게 꽁꽁 묶어달라고 소인국 사람들에게 요청하는 걸리버같이 행동해왔다. 그러나 물론 그는 마음만 먹으면 일어설 수 있다. 바로 이 대목에서 독일보다 훨씬 몸집이 큰 거인인 미국이 개입해 소인국 사람들을 안심시키는 데 그치지 않고, 독일인에게도 과거는 과거이고 통일 독일은 평화로운 유럽 내에서 마음 놓고 번영해도 된다고 안심시켰다.

그러나 물론 과거는 그저 단순한 과거가 아니다. 독일이든 그 어떤 강대국이든 마찬가지고, 독일이 역사적으로 저지른 과오가 지닌 본질적인 측면들 가운데 아직도 여전히 유효한 점도 있다. 오늘날 유럽에서 독일에 대한 두려움과 앙심은 독일의 군사력이 아니라 경제력이 야기한다. 특히나 독일 경제는 유럽통화연합을 통해 이탈리아, 그리스, 스페인 등 독일보다 덜 성공적이고 자기관리가 덜 되어 있는 경제체제를 지닌 나라들과 직접적으로 연결되어 있다. 다른 유럽 국가들을 독일 마음대로 휘두르는 듯한 인상을 주면 안 된다고 독일 국민들에게 경고한 독일 정치가가 한둘이 아니다. 헬무트 슈미트 전 총리는 2011년 사회민주당의 회의에서 다음과 같이 경고했다. "우리 독일인이 우리 경제력을 믿고 유럽에서 주도적으로 정치적인 역할을 하겠다고 주장하고픈 유혹을 느낀다면, 우리에게 효과적으로 저항하는 이웃나라들은 점점 늘어나게 된다. 이렇게 되면 유럽연합이 마비되고 독일은 고립으로 빠져들게 된다."[158]

그런 시나리오를 상상해보기란 불가능하지 않다. 그리고 유럽인들이 더 국가주의적이고, 덜 사해동포주의적이고, 더 부족적이고, 덜 "유럽적"

162

으로 변하면, 그런 시나리오가 실현될 가능성은 점점 증가한다. 사실상 유럽의 거의 모든 나라에서 바로 이런 일이 일어나고 있다. 국가주의가 다시 유럽 정치를 지배하게 되면 독일 국가주의가 부활할 때까지 얼마나 걸릴까? 점점 국가주의적 성향이 강해지고 독일에 대해 의구심을 품은 이웃나라들에 맞서 독일이 자국을 방어하기 위해서라도 말이다. 1945년 토머스 만은 독일이 보인 행동은 국민성이 아니라 일련의 사건들이 야기한 결과라며 다음과 같이 주장했다. "좋은 독일과 나쁜 독일, 두 개의 독일이 있는 게 아니라 오직 하나의 독일밖에 없다. 악마적인 교활함을 통해 최선이 사악함으로 변질된 독일 말이다. 사악한 독일은 그저 선한 독일이 타락한 모습일 뿐이다. 운이 나빠 죄를 짓고 파멸한 선한 독일 말이다."[159] 독일인들이 거주하는 환경은 그들의 행동에 영향을 미친다. 70년 동안 평화와 안전이 보장된 비정상적인 이 시대가 그 해법이었다. 정상으로의 회귀는 우려를 낳는다.

그러나 유럽의 환경이 악화되고 있다는 사실을 피할 수 없다. 경제 측면에서 그리스와 이탈리아의 위기는 당분간은 수그러들었지만, 난관은 여전히 해소되지 않았고, 유럽 내에서 국가들 간의 경제력의 극심한 불균형도 해소되지 않고 있다. 이러한 불균형은 긴축정책을 요구하는 독일이 못마땅한 나라들에서 분노를 야기하고 있고, 독일 국민들이 보기에 무책임하고 낭비가 심한 나라들의 부실한 경제에 독일이 보조금을 지원해야 한다는 사실에 분노하고 있다. 유럽연합은 유럽에서 국가주의가 야기하는 긴장상태를 억누르기 위해 창설되었지만 이러저러한 이유로 오히려 국가주의를 악화시켜왔다. 지난 수십 년 동안 독일은 모두가 신뢰할 수 있는 일련의 환경 속에서 살아왔다. 미국이 보장해주는 안보로 뒷받침되는 민주적인 건강한 유럽에서 건강한 민주정체로서 독일은 존재해왔다. 그러나 유럽에서 건강한 민주정체가 훼손되고, 국가주의적 성향이 강해지고, 분열되고 자신감을 잃고 서로에 대한 신뢰가 약해진다면 어떻게 될까? 이와 동시에 미국이 보장하는 안보가 예전보다 미덥지가 않게 된다면? 주변 환경이 급격히 변해도 독일은 끄떡없을까? 유럽이 과거의 패턴으로 되돌아가면 독일은 다른 유럽 국가들과 함께 과거의 패턴으로 끌려들어가는 상황을 모면할 수 있을까?

어쩌면 알게 될지도 모르겠다. 유감스럽게도 유럽은 과거의 패턴으로 돌아가려는 조짐을 보이고 있기 때문이다. 유럽 대륙 전 지역에서 유럽연합과 유럽연합의 규정을 준수하는 정부들에 반대하는, 그리고 폴란드, 헝가리, 이탈리아, 그리스, 독일, 영국의 보통 사람들이 지닌 우려는 안중에도 없는 유럽의 사해동포주의 성향의 엘리트에 반대하는 포퓰리스트 저항이 벌어지고 있기 때문이다. 그 가운데 일부는 경제적인 우려이고 유로 위기와 세계 경기침체에서 비롯된 우려다. 중동과 북아프리카에서 쏟아져 들어온 이민자와 난민들에 대한 우려가 가장 크고, 이러한 우려는 사하라사막 이남 아프리카 지역에서 또 다시 대대적으로 이민과 난민이 유입되면서 심화되리라고 많은 이들이 두려워한다. 민주정체는 사람들이 비교적 안전하다고 느낄 때 가장 잘 작동하고, 불안하다고 느끼거나 불안할 때 가장 제대로 작동하지 않는다. 사람들이 자신이 속한 문화와 자신의 삶이 위협받는다고 느끼면 자국민들끼리 서로 보호하고 뭉치게 된다. 중동이나 북아프리카 난민이 유럽인의 일자리를 빼앗아 갔을지도, 그렇지 않을지도 모른다―증거를 보면 그렇지 않다. 파리와 런던에서 발생한 테러를 새로 유입된 난민이나 이민 2세 혹은 3세가 저질렀든 아니든 중요하지 않다. 유럽 전역의 사람들이 자기 삶이, 그리고 어느 정도 자신의 안전이, 그리고 무엇보다도 자신이 속한 문화가 위협받고 있다고 인식한다는 사실이 중요하다. 유럽 전역의 사람들이 자신의 문화가 늪에 빠져 사라지고 있다고 두려워한다. 그 결과, 오늘날 제2차 세계대전 종전 이후 진행되어온 유럽 프로젝트의 내구성에 대해 의문을 품을 이유가 다분하다.

트럼프 대통령을 비롯해 일부 미국인들은 많은 영국인과 대륙의 유럽인들 못지않게 유럽연합이 못마땅할지 모른다. 유럽연합이 지닌 결함은 명백하다. 그러나 유럽연합은 국가주의가 만연했던 피투성이의 과거로 돌아가지 않겠다는 유럽의 결의를 상징한다. 그리고 상징 이상의 의미가 있다. 유럽연합은 갈등을 성가시게 하고 야기하기도 하지만, 또한 유럽이 분열될 가능성을 줄이는 방식으로 유럽의 국가들을 결속시켜 놓는다. 유럽연합이 없다면 유럽이 훨씬 평화로우리라고 주장하는 사람들이 있는데, 역사는 그 주장을 반박한다. 유럽연합은 북대서양조약기구와 더불어 독일의 이웃나라들과 독일인들 자신을 안심시키는 기구이기도 하다. 유로존 가입국들 가운데 독일을 약소국을 괴롭히는 거대한 괴물로 보는 나라들은 유럽이 해체되고 독일이 더 이상 유럽연합의 통제를 받지 않게 될 경우 걱정을 덜하게 될지 자문해봐야 한다. 독일의 경제가 지금보다 덜 막강하다면 독일의 영향력도 지금보다 덜 할까? 독일과 이웃나라의 관계만이 문제가 아니다. 이웃나라들은 그들 나름의 문제가 있다. 특히 동부 유럽과 중부 유럽이 수많은 방식으로 분할되어온 역사에서 비롯된 영토적, 민족적 분쟁의 문제가 있다. 유럽연합과 북대서양조약기구하에서 이러한 분쟁은 대부분 봉쇄되었지만, 유럽의 기구들이 붕괴되어도 그러한 분쟁이 여전히 억제되리라고 넘겨짚을 아무런 이유가 없다. 정치학자 이반 크라스테프 말마따나, 유럽이 "해체되면 관용과 개방에 호의적인 환경은 힘이 지배하는 편협한 태도가 특징인 환경으로 바뀌게 된다."[160] 유럽연합 없이도 유럽이 여전히 탈근대 시대에 평화로울 것이라고 믿기가 어렵다.

　오늘날 유럽 전역에 확산되는 민주정체의 위기로 미루어볼 때, 이는 더욱더 절실히 와 닿는다. 이 위기는 유럽연합의 비민주적 측면과는 아주 부분적으로만 연관이 있다. 지난해 프랑스 선거에서 에마뉘엘 마크롱이 포퓰리스트 국가주의자 마린 르 펜을 이기고, 네덜란드에서는 포퓰리스트 기에르트 빌더스가 선거에서 패배하면서 유럽은 가까스로 위기를 모면했다. 이 두 선거 결과를 둘러싸고 많은 이들이 안도의 한숨을 내쉬었다는 사실이 유럽에서 우익 국가주의 성향의 당들이 얼마나 약진했는지를 보여준다. 그 밖의 다른 곳에서는 슬로바키아 같은 소국뿐만 아니라 헝가리, 폴란드, 체코공화국 같이 주요 국가들에서도 민주적인 제도들이 와해되고 훼손되고 전반적으로 위태로운 상황에 놓이면서 우익 국가주의 성향의 정당들이 계속 입지를 넓혀가고 있다. 이탈리아에서도 민주정체가 처한 상황은 아무도 안심할 수 없다(특히 블라디미르 푸틴과 가까운 두 개의 포퓰리스트 정당들이 승리한 후에는 말이다). 이탈리아는 19세기 말 전까지만 해도 공통언어를 지닌 통일된 나라가 아니었다. 이탈리아 공화국은 제2차 세계대전 이후에 탄생했다. 이탈리아 민주정체는 역사가 짧고, 어찌 보면 시험을 거치지 않았다. 건강한 자유주의 세계질서의 보호하에서만 성장해왔기 때문이다. 이는 수많은 유럽 국가들의 경우도 마찬가지다. 자유주의 세계질서가 여전히 작동하고 있는데도 국가주의 포퓰리즘이 부상하고 있고, 이 추세가 계속된다면 "보다 권위주의적인 법과 질서 정책"이 등장하고, "정치적 논쟁은 보다 첨예해지고", "보다 대중선동적인 지도자들"이 등장하게 되고, 유럽연합과 북대서양조약기구에 대한 반대가 거세지고", "러시아에 대한 공감이 거세질" 가능성이 있다.[161] 수십 년 동안 유럽에서 민주정체가 진전을 이루게 된 오늘날, "민주정체라는 문제"가 "유럽이 처한 곤경의 핵심"이라고 크라스테프는 지적했다.[162]

이번이 처음이 아니다. 제1차 세계대전 후 세계에서 민주정체를 채택한 국가의 수는 두 배로 늘었고 대부분이 유럽 국가들이었다. 그러나 영국과 프랑스가 전쟁의 후유증을 극복하려고 애쓰는 가운데 미국이 유럽 대륙에서 물러나면서, 이러한 수많은 신생 민주정체 국가들은 몰락하고 파시즘이 부상하기 시작했다. 1919년에 26개의 의회민주제 국가가 등장했지만 20년 후 겨우 12개 나라가 살아남았다. 이러한 변화를 예고한 단 하나의 극적인 사건은 없었다. 해나 아렌트가 지적한 바와 같이, 혁명적 변화는 혁명적 격변 없이 왔다. 이탈리아에서는 혁명가이자 국가주의 반동분자였던 베니토 무솔리니라는 언론인이자 전 사회주의자가 이끄는 가두행진을 로마에서 벌인, "거의 비무장 상태였던 몇천 명"에 의해 정부가 무너졌다. 폴란드에서는 귀족과 농부, 노동자와 고용주, 가톨릭교도와 정통 유대교도 등 "유사 파시스트 정부"를 지지하는 오합지졸의 연합 세력이 의회 의석의 3분의 2를 차지했다.[163] 이탈리아, 독일, 폴란드뿐만 아니라

포르투갈, 스페인, 헝가리, 발트해 국가들, 루마니아에서도 대부분 우익 세력이 평화롭게 정권을 잡은 다음 민주정체에 종지부를 찍었다.[164] 이 중 어느 것도 히틀러와 무솔리니와는 크게 관련이 없었다. 역사학자 아이라 카츠넬슨 말마따나, 개념으로서의 자유주의는 실패했다. 많은 이들이 민주적 제도들을 부당하다고 간주하게 되었고, "국민과 국가의 집단 이익에 반하는 금권정치와 부르주아의 지배를 수호하기 위한 사기극"이라고 여기게 되었다.[165] 한편 강대국인 민주정체 국가들은 약하고 분열되고 시선을 안으로 향했다. 자유주의 세계질서는 와해되었고, 이념과 제도보다 노골적인 힘이 중요한 다극적인 각축전으로 대체되었다. 이처럼 불확실하고 불안한 상황에서 사람들은 점점 자기와 같은 부족, 같은 인종, 같은 국민으로 똘똘 뭉쳐 자신을 보호하려 했다. 파시스트 정부들은 민주정부보다 강하고 활기 있고 효율적인 듯이 보였고, 그들은 국가주의적, 인종적, 부족적 공포심에 직접 효과적으로 호소했다.

이 모든 게 익숙하게 들릴지 모른다. 오늘날 유럽은 1930년대의 유럽과는 거리가 멀지 모른다. 문제는 그 거리가 얼마나 먼지 우리는 모른다는 사실이다. 새로운 유형의 불안감이 조성되면서 사람들이 다시 부족주의로 내몰리고 있다. 자유주의는 해답이 아닌 듯 하고, 실제로 많은 이들이 보기에는 자유와 사해동포주의라는 자유주의적 계몽주의의 이상이 문제인 듯하다. 크라스테프가 지적하듯이, "베를린 장벽이 무너지면서 촉발된 1989년 직후의 흥분은 현기증이 날 정도의 불안감과 울타리를 치자는 요구로 대체되었다."[166]

제2차 세계대전 이후 처음으로 독일 정치에서 극우 국가주의 정당이 부상해 상당한 입지를 차지했다. 독일대안당(AfD)은 지난해 총선에서 92석을 얻어 연방에서 세 번째로 큰 정당으로 부상했다. 독일대안당을 지지한 유권자의 95퍼센트는 중동에서 유입된 이민자와 난민 때문에 "독일의 문화와 언어를 상실"할까봐 두렵다고 말했다. 그러나 자유주의 성향의 독일인들에게 더욱 우려스러운 점은 이 신생 정당이 이민만 반대하는 게 아니라는 점이다. 이러한 포퓰리스트 국가주의 성향의 정당을 지지하는 독일인들은, 일본 국가주의자 가운데 일부와 마찬가지로, 독일이 과거에 저지른 죄에 대해 사과하는 데 대해, 그들이 "죄책감 숭배(cult of guilt)"라 일컫는 정서에 대해, 그리고 그들이 부인도 축소도 하지 않는 홀로코스트에 대한 모든 기억에 대해 넌더리를 낸다. 학자 티모시 가튼 애쉬 말마따나, 독일 정치는 우경화하고 있고, 그것은 "과거 독일의 우익을 연상케 하는 새로운 우익"이다. 1년 전 독일대안당 지도자는 "문화적으로 이질적인 사람들"이 쇄도한 이유를 "제2차 세계대전 승전국들의 꼭두각시나 다름없는" 독일 지도층의 "돼지들" 탓으로 돌렸다.[167] 무엇 때문에 그런 생각을 하게 되었는지는 중요하지 않다. 그러한 국가주의 정서의 부상은 지정학적인 영향을 낳게 되고, 다른 유럽인들과 마찬가지로 자유주의 성향의 독일인들이 자국이 나아가는 방향에 대해 우려하는 이유이다. 미국인들도 우려해야 한다.

미국은 유럽에서 벌어지고 있는 사태에 대해 일정 부분 책임을 져야 한다. 2011년 시리아에서 바샤르 알 아사드 대통령에 맞서는 봉기가 일어난 후 외관상의 안정이라도 회복하기 위해 미군을 투입하기를 거부한 오바마 대통령의 판단은 이해할 만할지 모른다. 시리아 위기에 대한 명백하거나 간단한 해결책은 없었고, 미국이 조금만 개입하면 점점 더 깊이 수렁으로 빠져들게 될지 모른다는 그의 우려는 틀리지 않았다. 1990년대에 부시나 클린턴 같은 이는 그럼에도 불구하고 개입했을지 모르지만—보스니아나 코소보에서도 명백히 단순한 해결책은 없었다—오바마는 미국의 힘으로 해결될 일이 아니고, 설사 미국의 힘으로 해결 가능하다고 해도 국민이 승인하지 않으리라고 생각했다. 오바마가 시인했듯이, "개입할 만한 가치가 없었다는 뜻이 아니다. 장기간 전쟁을 치른 미국으로서는 한계가 있었다."[168]

미국 외교정책을 비판해온 이들이 요구한 대로 "자제(restraint)"를 택했지만, 중동뿐만 아니라 유럽에서도 미국은 자제의 결과 비싼 대가를 치렀다. 여론조사 자료를 보면 시리아에서(그리고 정도는 덜하지만 리비아에서) 유입된 수백 만 명의 난민이 유럽 전역에서 국가주의, 초국가주의, 심지어 노골적으로 파시스트 성향인 정당들의 인기가 상승하는 데 그 어떤 요인보다도 큰 기여를 했다. 시리아 위기가 야기한 유럽의 난민 위기는 자유주의 세계질서의 심장부에서 민주적 제도들을 뒤흔들었다.[169] 국제관계 학자 토머스 라이트가 지적했듯이, 오바마와 그의 보좌진은 유럽이 자체적으로 알아서 위기를 해결할 수 있고, 그리하도록 내버려둬야 한다고 생각했다. 유럽이 처한 "곤경은 유럽의 잘못이자 책임"이고, 미국이 도와줄 수 있다고 해도 근본적으로 유럽의 문제는 유럽이 해결해야 했다. 미국인들에게는 합리적인 주장처럼 들렸을지 모르지만—이는 1930년대에 "현실주의자" 로버트 A. 태프트가 한 주장이다—라이트가 지적하듯이 이는

"중대한 변화"였다.[170] 미국은 1945년 이후에도, 냉전시대 동안에도, 심지어 냉전이 종식된 후에도 유럽의 문제를 유럽이 해결하게 내버려두지 않았다. 대서양공동체는 자유주의 세계질서가 시작된 곳이고 그 질서의 심장부 역할을 해왔다. 미국이 유럽에 대한 관심을 줄여도 된다고 주장하면, 유럽에서뿐만 아니라 전 세계에서 미국이 자유주의 세계질서를 수호할 의지가 있는지에 대한 의구심이 생겨난다. 오바마는 "아시아로의 선회(pivot to Asia)"를 주장했지만, 이 정책을 집행할 자원이 없다는 사실 때문에 아시아 동맹국들을 안심시키는 데 아무런 도움이 되지 않았다.

미국에 대한 의구심은 전 세계에 확산되었고, 이러한 사실만으로도 자유주의 질서를 훼손시키기에 충분했다. 세계적, 지정학적 추세에 대한 인식은 지도자들의 결정과 전 세계 사람들의 행동에 우리가 생각하는 정도보다 훨씬 큰 영향을 미친다. 1920년대와 1930년대에 유럽에서 파시즘이 부상할 때, 라틴아메리카와 아프리카에서조차 사람들이 파시즘에 훨씬 경도되었다. 공산주의가 부상하는 듯했던 1950년대와 1960년대에 세계의 또 다른 쪽에서는 공산주의의 기치를 높이 사는 경향이 강했다. 1989년 이후 민주정체가 가장 성공적인 체제로 부상하자 사람들은 이기는 쪽에 합류하고 싶어 했다. 2008년 경제위기에 뒤이어 미국이 쇠락하고 있다는 확신―미국인 본인들이 부추긴 확신―이 확산되면서 유럽을 비롯해 전 세계에 영향을 미쳤다는 사실은 놀랍지 않다. 헝가리의 빅토르 오르반 총리가 몇 년 전 "비자유주의 국가"를 칭송하는 발언을 했을 때, 그는 자신이 세계가 처한 새로운 현실에 반응하고 있을 뿐이라고 주장했다. "2008년에 세계 금융, 경제, 상업, 정치, 군사력이 대대적으로 재조정되었다."[171] "미국 이후의 세계"가 시작됐다는 생각은, 독일 재무장관의 말마따나, 미국이 "세계 금융체제에서 초강대국 지위를 잃게 될 것이라는 생각은 여러 나라 국민들과 그들 지도자들이 나아가려는 방향에 영향을 미쳐왔다.[172]

그러나 미국이 쇠락하고 있다는 건 그저 인식에 그치지 않았다. 사실 미국이 쇠락한다는 과거의 예언들은 그 이전에 나온 그러한 모든 예언들과 마찬가지로 틀린 것으로 판명되고 있다. 미국의 경제는 성장했다. 세계 GDP에서 미국의 GDP가 차지하는 비중은 2008년 경기침체 이후 약간 하락했다가 다시 반등했다. 1989년에 역사가 종언을 고했고, 자유주의가 승리했다는 주장 못지않게 서구 진영의 쇠락은 불가피하다는 주장도 정확하지 않다.

더 큰 문제는 미국이 자유주의 세계질서를 수호할 의지가 있는지 여부다. 이러한 의지는 두 개의 기둥이 떠받치고 있다. 하나는 미국이 제공하는 신뢰할 만한 안보보장이며, 이는 세계가 1945년 이전의 역사적 패턴으로 되돌아가지 못하게 하고 평화와 평화에서 비롯되는 모든 것을 지탱해주었다. 또 다른 기둥은 미국과 자유주의 세계질서에 합류한 나라들을 결속시켜주는 자유로운 계약이다. 자유주의 질서에 합류한 나라들이 전통적인 지정학적 야망을 포기하고 미국이 군사력을 거의 독점하도록 허락하는 대신, 미국은 개방적인 경제 질서를 유지하고 다른 나라들이 서로 경쟁하고 성공하게 해주었다. 자유주의 세계질서에 합류한 나라들, 특히 동맹국들은 단순히 제로섬 게임의 경쟁자들이 아니었다. 미국은 국제기구에의 참여, 적극적인 다자간 외교, 공유하는 자유주의 가치의 천명을 통해 공동의 가치와 이익을 위해 제휴한 나라들 사이의 공동체 의식을 북돋우고 지원했다. 미국이 항상 이 계약을 충실히 이행하지는 않았고, 이 질서에 합류한 나라들도 늘 이 계약에 충실하지는 않았다. 그러나 미국 지도자들은 자국의 책무를 부정하거나 거부한 적은 결코 없었고 대체로 책임에 부응하려고 애썼다.

그러나 최근 몇 년 사이 미국은 더 이상 이런 책임을 실행할 의무를 느끼지 못하고 있고, 이러한 책임을 자국의 이익에 반한다고 여기기 시작했다는 사실이 점점 명백해지고 있다. 그러한 낌새는 오바마 행정부에서 감지되었다. 당시 고위 관리들은 미국의 이러한 전통적인 접근 방식을 뒷받침한 초당적인 외교정책 합의를 무리를 해가면서까지 훼손했다. 오바마 본인도 동맹국들이 "무임승차"한다고 불만을 토로했다. 그는 "미국 내에서의 국가 건설(nation building)"을 역설하면서 미국의 적극적인 외교정책은 미국인들의 국내적 안녕으로부터 관심을 빼앗아간다고 주장했다. 오바마의 두 차례 임기 동안 전 세계 동맹국들은 미국의 안보 보장을 과거보다 신뢰할 수 있을지 의심하게 되었고, 러시아와 중국은 그들 나름의 방식으로 점점 더 효과적으로 자유주의 질서를 훼손했다.

트럼프가 당선되면서 올 것이 오고야 말았다. 트럼프 후보와 그의 지지자들은 오바마보다 한술 더 떴다. 그들은 미국 외교정책의 축소를 요구했을 뿐만 아니라 자유주의 세계질서를 비판하고 거부했다. 트럼프는 노골적으로 자유주의 세계질서라는 계약의 일부인 미국의 책임 이행을 거부했다. 그는 중국뿐만 아니라 캐나다와 독일 같이 가까운 동맹국과의 무역협상에서 "승리"하기를 바랐다. 동맹국들은 이제 미국이 물리쳐야 할 경쟁자였다. 미국은 "이겨야" 했다. 과거에는 다른 나라들을 물리치는 게, 적어도 동맹국들에게 이기는 게 목표가 아니라 경제적 경쟁국들 간에 평화로운 관계를 강화한다고 간주된 자유무역 체제를 위해 상호 이익을 모색하는 게 목표였다. 트럼프의 접근 방식은 완전히 다른 종류의 체제, 만인에 대한 만인의 투쟁을 뜻했다. 트럼프 취임 초기에 그의 최고위 보좌관 두 사람이 "미국 우선"이 무슨 뜻인지 정의하면서, 세계는 "공동체"가아니라 "국가들이 이익을 추구하기 위해 경쟁하는 경기장"이라고 설명했다. 미국은 이러한 경쟁에 "아무도 따라오지 못할 군사적, 정치적, 경제적, 문화적, 도덕적 힘"으로써 임해야 한다. 그들은 이를 "국제관계의 자연적인 속성"이라고 했다.[173] 그러나 과거에 미국은 자유주의 세계질서를 그런 식으로 바라보지 않았다. 전후 외교정책의 핵심 전제는 미국이 동맹국들과 자유주의 세계질서에 동참한 나라들과의 경쟁에 "아무도 대적할 수 없는" 힘으로 응하지 않는다는 점이었다. 국제관계 학자 대니얼 W. 드레즈너가 지적한 바와 같이, 세계에서 가장 막강한 나라가 자국의 동맹국을 상대할 때조차 그러한 홉스적인 시각을 취하면 다른 모든 나라들도 하나같이 홉스적인 방식으로 대응하도록 유도하게 된다.[174] 자유주의 세계질서의 핵심적인 계약이 파기되면, 이 질서에 참여하는 다른 나라들이 미국을 더 이상 자기들이 신뢰하고 협력할 대상이 아니라고 여기게 되기까지 얼마나 걸릴까?

오바마의 정책이 자유주의 세계질서에 금이 가게 했다면, 트럼프의 발언과 행동은 그 질서에 구멍을 뚫었다. 미국이 안전한 환경을 조성하고 그 환경에서 자유주의 세계질서에 참여하는 나라들이 번영하게 해주리라고 믿을 만하지 못하고, 게다가 미국이 자유주의 세계질서의 참여국들이 번영하면 이를 시기하고 원한을 품고 미국이 "이겨야 한다"고 한다면, 미국은 그 어떤 종류의 질서도 수호하는 나라로 비치지 않고 불량한 초강대국처럼 보이기 시작한다. 이러한 인상이 깊어지면 자유주의 세계질서에 그나마 남아 있는 신뢰와 결속력을 약화시킨다. 그것도 러시아와 중국이 자유주의 세계질서에 도전장을 내밀기 위해서 어느 정도나 밀어붙일지 고심하고 있는 바로 그때에 말이다.

08

미국이라는
밀림

THE AMERICAN
JUNGLE

자 유주의 자체가 미국 내에서 공격받고 있는 상황에서 자유주의 세계질서를 뒷받침하기는 어렵다. 좌우 진영을 막론하고 미국의 외교정책을 비판하는 가장 큰 이유는 미국 자체에 대한 불만이다. 외교정책에 대한 논쟁은 흔히 국가의 의미와 정체성에 대한 논쟁의 대리전 양상을 띤다. 신생 공화국 미국과 영국 및 혁명기 프랑스와의 관계에 대한 해밀턴과 제퍼슨 간의 갈등에서부터 베트남전쟁 시기에 민주적 자본주의의 옳고 그름을 두고 벌어진 논쟁에 이르기까지 말이다. 오늘날 수십 년 동안 미국이 지지해온 자유주의 세계질서에 대한 비판도 외교정책 못지않게 국가의 정체성을 두고 내부에서 벌어지는 논쟁을 반영한다. 미국의 민주적 자본주의 체제가 국내에서 근본적으로 실패하고 있다는, 정치 진영을 초월해 공유되고 있는 믿음이 미국 외교정책에 대한 지지를 붕괴시키는 데 기여해왔다.

냉전시대 동안 이러한 비판은 거의 전적으로 좌익에서 비롯되었고, 오늘날 "진보주의자(progressive)"가 이러한 공격을 계속 이어가고 있다. 민주당은 점점 버니 샌더스와 엘리자베스 워런 같은 "진보주의자" 정당으로 바뀌고 있다. 과거의 리버럴(liberal)은 자유주의적 자본주의의 병폐를 개선할 방법을 모색했지만, 역사학자 션 윌렌츠(Sean Wilentz) 말마따나 그 체제가 "혁신, 기회, 국민의 번영의 입증된 원동력"이라고 믿었다. 그런데 그런.과거의 리버럴과는 달리 새로 등장한 진보주의자들은 자본주의를 증오하고 사회주의를 갈망한다. 물론 소련 같은 유형의 사회주의는 아니지만 말이다. 그들은 어찌된 일인지 스웨덴이 "사회주의" 국가라고 믿는데, 윌렌츠가 지적하듯이 스웨덴은 자본주의 나라이자, 복지 국가를 가진 사회민주주의 체제라는 사실을 깨닫지 못하고 있다. 아니면 랄프 다렌도르프가 일갈했듯이, "스웨덴"은 스웨덴이 아니다. "유럽 지도에서 그 어디에도 존재하지 않는 꿈이다." 그리고 리버럴은 미국의 힘이 "미국의 국경을 넘어 선한 일에 쓰여왔다"고 믿지만 잘못한 일도 있다는 점을 묵과하지는 않는 반면, 진보주의자들은 "해외에서 미국이 힘을 행사할 때면, 특히 군사력을 행사할 때면, 그 저변에는 거의 항상 악의가 깔려 있다고 전제한다." 그들은 "개입주의와 제국주의가 상당히 다르다는 점"을 보지 못한다. 그들은 미국이 힘을 행사하는 데 반대할 뿐만 아니라 자유주의 세계질서 자체도 반대한다. 많은 진보주의자들은 자유주의 세계질서를 부유한 백인 남성을 위해 미국이 패권을 유지하려는 방편에 불과하다고 본다.[175]

미국과 미국의 외교정책에 대한 이러한 비판은 오래전부터 좌익이 제기하는 단골 메뉴였지만, 최근 몇 년 사이 보수주의 진영에서도 두드러진 특징으로 등장했다. 미국의 전통적인 보수주의는 늘 적극적인 외교정책에 적대적이었는데, 보수주의자들은 적극적인 외교정책이 연방정부와 행정부의 권력을 강화하는 방편이라고 정확하게 보았다. 20세기 초반에 미국의 "국제적인 책임"을 거론한 이들은 윌슨과 두 명의 루스벨트 대통령들 같은 "진보주의자"였고, "정상적인 외교(normalcy)"를 주창한 이들은 보수주의자였다. 냉전시대에는 이례적으로 보수주의자들이 공산주의에 맞서 세계가 단결하는 정책을 지지했지만, 소련이 붕괴되자 많은 보수주의자들은 그들의 전통적인 자세로 되돌아갔다. 1999년에 출간된 패트릭 뷰캐넌의 저서 『제국이 아니라 공화국(A Republic, Not an Empire)』은

1787년 헌법을 미국인들의 자유를 파괴할 "막강하고 위대한 제국"의 청사진으로 간주한 반연방주의자들의 비판을 연상시켰다.[176]

그러나 보수주의자들이 국제주의와 자유주의 세계질서에 대해 보이는 적대감은, 미국 혁명에 영감을 주었고 독립선언문에 구현된 계몽주의 원칙에 대한 보수주의의 비판에도 그 뿌리를 두고 있다. 보수주의 성향의 지식인들 가운데는 미국 민주정체의 미덕이 계몽주의의 보편적인 원칙이 아니라 미국의 초기 앵글로색슨 개신교의 정치적, 문화적 유산에서 비롯되었다고 보는 이들이 있다. 이러한 관점은 이따금 종족민족주의(ethnonationalism)의 형태를 띠기도 하는데, 비개신교도, 비앵글로색슨, 그리고 백인이 아닌 이민자가 쇄도하면 미국 민주정체의 근간인 문화와 전통이 희석된다고 여긴다. 그리고 미국 외교정책에 대한 논쟁은 늘 부분적으로는 미국의 정체성에 대한 논쟁이기도 하므로, 이러한 우려에는 예외 없이 외교정책적 요소가 있다.

1920년대에는 백인 국가주의(white nationalism), 북유럽을 제외하고 모든 이민을 봉쇄하도록 설계된 엄격한 이민정책(이 때문에 히틀러는 독일이 아니라 미국이 진정한 아리아 민족 국가가 될까봐 두려워했다.)이 국제주의를 반미국적인 정책이라며 명시적으로 거부한 외교정책과 결합되었다. 1940년에 일어난 미국 우선주의 운동은 독일의 백인 우월주의의 부상을 호의적인 시각으로 바라보았다. "독일이 지배하는 유럽"이 "우리 서구 문명의 우월함을 유지할 것이다."라고 믿었던 사람은 찰스 린드버그만이 아니었다.[177] 이러한 시각과 인종 관련 이론들은 나치에 맞서 전쟁을 치르는 동안 억눌렸고, 냉전시대의 경쟁으로 인해 미국이 표방하는 원칙과 미국의 실제 행동을 일치시키려는 노력이 어느 정도 이루어졌다. 그러나 냉전이 끝나자 미국의 사회적, 문화적 정체성에 대해 과거에 지녔던 우려를 다시 하게 되는 미국인들이 생겼다. 새뮤얼 헌팅턴은 말년에 미국의 앵글로색슨-개신교 "정체성"이 "다문화주의"에 침몰된다고 경고했고, 히스패닉의 영향력이 확장되면서 백인의 "문화"와 "힘"이 공격받는 데 대한 대응 차원에서 새로운 "백인 출생주의(white nativism)"를 예언하고 심지어 조심스럽게 지지하기까지 했다.[178] 냉전 이후에 쓴 "문명의 충돌"에 대한 글에서, 그는 미국인들에게 세계에서 손을 떼고 미국의 "서구" 문명을 돌보아야 한다고 촉구했다.

이러한 시각은 오늘날 보수 진영과 공화당의 외교정책에 만연해 있다. 그들은 (한때 가톨릭교가 민주정체와 공존 불가능하다고 많은 이들이 생각했듯이) 이슬람은 민주정체와 공존이 불가능한 가망 없는 대상이라고 간주하는 데 그치지 않고, 자유주의적 보편주의라는 개념 자체가 "거짓 이념이자 우리 정치체에 대한 암적 존재"라고 부르짖는 이들도 있다. 그들은 민주정체가 뿌리내리기에 "적합하지 않은" 문화권에 민주정체가 뿌리내리도록 지원하는 미국의 정책을 비판할 뿐만 아니라, "유대교-기독교 전통이 결여된 "다른 문화권 소속 사람들"이 "대거 유입되면" 미국 내의 민주정체를 위협하게 된다고 경고한다.[179] 이러한 시각은 유럽에서 일어나는 국가주의 포퓰리스트 운동에 널리 퍼져 있고, 트럼프와 한때 그의 자문을 지낸 스티브 배넌도 해외에서 피부색이 어둡고 비기독교도인 이민자들에 맞서 백인 유대교-기독교 문화를 보존하려는 이들의 불안감에 공감하면서 그들을 지원하고 협력해왔다.

미국의 토대인 계몽주의적 보편주의에 대한 이러한 공격은 심기가 뒤틀린 일탈행위로 치부해서는 안 된다. 미국은 남부의 노예제부터 1850년대 이민자 배척 운동인 노우 나씽(The Know-Nothings), 짐크로 시대(Jim Crow ear)의 백인 우월주의, 1920년대 KKK단의 부활, 그리고 오늘날 대안우익(alt-right)에 이르기까지 역사를 관통하는 "저변의 흐름"이 있다. 미국은 미국 역사의 중요한 일부였던 분노와 증오와 앙심이 뭉근히 끓어오르는 현상을 잊거나 별것 아니라고 치부하고 싶어 하지만, 밀림은 미국에서도 되살아나고 있다.

과거에도 그랬듯이 미국은 이번에도 밀림에서 벗어나게 된다. 적어도 부분적으로는 말이다. 미국의 정치인들은 미국의 제도를, 심지어 헌법까지도 짓밟을 수 있지만, 미국인들은 독립선언문의 원칙을 벗어나고 싶어도 벗어날 수 없다. 미국인들은 달리 갈 곳이 없다. 다른 나라들은 혈연과 출생지를 토대로 한 국가주의에 의지할 수 있지만, 미국은 의지할 그런 국가주의가 없다. 트럼프와 그의 백인 국가주의 지지자들이 아무리 원한다고 해도 말이다. 헌팅턴을 비롯한 이들은 미국 공화국의 건국에 대해 중요한 점을 간과하고 있다. 독립선언문 작성자들은 앵글로색슨-개신교도들이었지만, 그들 대부분은 흑인이나 아시아인이나 무슬림뿐만 아니라 가톨릭교도와 여성도 민주정체에 적합하지 않다고 믿었다. 그러나 그들은 그들의 권리가 영국인이라는 지위에서 파생된다는 개념을 의식적으로 분명히 거부했고, 앵글로색슨-개신교도만이 그러한 권리를 수호하고 증진시킬 수 있다는 주장도 거부했다. 그들은 헌법에 수록한 노예제도가 그들이 말하는 보편주의 주장과 상충된다는 사실까지 시인하면서, 장래에

182

노예제도가 시들해지고 그러한 모순은 해결되리라고 기대했다. 그들이 독립선언문에 새겨 넣은 보편적 원칙은 그러한 원칙이 비롯된 앵글로색슨개신교 문화보다 훨씬 더 영속하는 위력이 있다. 이러한 원칙이 미국적인 삶의 원동력—링컨이 일컬은 "황금 사과(the apple of gold)"—이고 이는 헌법도 초월해 궁극적으로 노예제도 폐지로 이어지고, 해방된 노예들과 그 후에 등장한 모든 집단도 종교나 문화적 배경에 관계없이 권리를 보장하겠다는 약속으로 이어졌다. 미국은 역사를 통틀어 지속적으로 권리를 계속 확장해 소수자들을 보호해왔다. 바로 이것이 건국의 아버지들이 세운 미국의 본질이다. 미국인들은 이러한 본질에서 툭하면 벗어나지만 결국은 다시 그 본질로 되돌아간다.

그러나 미국인들의 저변의 흐름이 분출되고 있는 최근의 상황이 지속되는 한, 미국이 현재의 궤적에서 벗어나 다시 국제사회에서 책임을 다하는 길로 되돌아가기는 더욱 힘들어진다. 계몽된 자기 이익을 추구하는 외교정책을 지속하려면 계몽주의와 관용, 그리고 미국인들이 최근 들어 보여주지 않고 있는 사해동포주의가 어느 정도 필요하다. 미국이 현재의 분위기에서 벗어날 때쯤 되면 그때는 피해를 복구하고 자연과 역사의 힘을 저지하기에는 너무 늦을지도 모른다.

09

—

정원을
보호하기

—

PROTECTING
THE GARDEN

헤밍웨이의 소설 『태양은 다시 떠오른다』에 등장하는 한 인물은 어쩌다 파산했냐는 질문을 받고 "서서히, 그러더니 갑자기"라고 대답한다. 두 차례 세계대전이 발발하기 직전의 세계질서도 그런 식으로 무너졌고, 우리 시대의 세계질서도 그런 식으로 붕괴될 가능성이 높다고 봐도 무방하다. 유감스럽게도 그 이후로 미국인들은 세계질서가 얼마나 빨리 무너질 수 있는지, 우리가 예상하는 보다 심각한 위협이 얼마나 급부상해 물리적으로 심리적으로 무방비 상태인 우리를 따라잡을 수 있는지 망각했다. 1940년대에 어떤 일이 일어났는지 알면서도 1930년대의 정신 상태를 갖기는 어렵다고 생각할지 모르지만, 우리는 75년 전 일어났던 참사가 되풀이될 리 없다고 계속 스스로를 위로한다. 당장 히틀러도 스탈린도, 나치 독일이나 일본 제국도 등장할 기미가 보이지 않는다. 블라디미르 푸틴과 시진핑 같은 오늘날 잠재적인 적국의 지도자들은 그저 조금 존중받고 싶을 뿐이고 세계무대에서 자기 몫을 챙기고 싶은 흔하디흔한 독재자들일 뿐이라고 우리는 믿는다. 그런 독재자들은 돈이나 명예가 목적일지 모르지만, 그들은 우리의 삶의 방식에 대한 실존적인 위협을 제기하지 않는다. 물론 우리는 1930년대 당시 사람들이 히틀러와 스탈린에 대해서도 똑같이 느꼈다는 사실을 잊고 있다.

정치학자 이반 크라스테프는 다음과 같은 우스갯소리를 한다. "히틀러가 귀환하는 게 가능한지 여부는 더 이상 의문이 아니다. 그가 나타나면 우리가 그를 알아볼 수 있을지가 문제다."[180] 그러나 이는 농담이 아니다. 히틀러나 스탈린 같은 이가 완전히 통제 불가능한 위협으로 부상할 때까지 우리는 우리들 사이에 숨어 있는 히틀러나 스탈린을 알아보지 못할 가능성이 높다. 위험한 사람들은 어딘가에 늘 도사리고 있고 그들의 운명 (destiny)을 성취할 권력과 기회만 없을 뿐이다. 우리는 인간 내면에 존재하는 악을 심각하게 여기곤 했다. 1973년 독일 사회심리학자 에리히 프롬은 인간에게는 "파괴성"과 "잔혹성"이 내재되어 있고, "절대적 통제"를 갈망하는 "인간 특유의 본성"과 "사악한 공격성"을 보이는 경향이 있다고 했다. 심지어 "가장 가학적이고 파괴적인 인간도 인간적"이라고 주장했다. "그런 사람은 인간으로 태어났다는 난관을 극복할 보다 나은 해결책을 찾는 데 실패한, 뒤틀리고 비정상적인 인간이라 일컬을 수 있고 이는 사실이다. 그는 또한 자신을 구원할 방법을 찾아 헤매다가 길을 잘못 든 인간이라 일컬을 수도 있다."[181]

대부분의 사람들은 자기 안에 악을 지니고 있고, 그러한 사람들은 대부분 황당하든 아니든 거창한 계획, 결코 실현할 기회를 얻지 못할 거창한 계획을 품고 있다. 그들은 주변의 힘과 세력, 즉 "질서"의 통제를 받고 있기 때문에 그들은 그들의 진면목을 심지어 자기 자신에게조차 드러낼 기회를 결코 얻지 못한다. 히틀러, 스탈린, 무솔리니가 권력을 잡게 된 여건들—어떤 종류의 국제질서도 유지할 의향이나 역량이 있는 나라가 없었던 세계—덕분에 그들은 본인이 어떤 짓을 저지를 역량이 있는지 보여줄 충분한 기회를 얻었다. 그들의 야망을 꺾을 질서가 존재했다면 우리는 그들을 폭군, 공격자, 대량학살자로 알게 되지 않았을지도 모른다. 바이마르 민주정체가 살아남았다면, 베르사유 조약이 효과적으로 집행되었다면, 미국이 1945년에 했던 행동을 1919년에 했더라면, 우리는 역사책에 기록된 히틀러를 결코 만나지 않았을지도 모른다.

오늘날 우리는 거창한 야망을 품었으나 그 야망을 실현할 역량을 아직 갖추지 못한 푸틴이라는 사람을 알고 있다. 그는 스탈린을 존경하지만 그는 스탈린이 아니다. 그러나 억제가 조금 풀리면 푸틴은 어떤 모습을 보일까? 소련과 제국의 국경을 되찾은 러시아는 어떤 모습일까? 오늘날 보다 막강해진 중국은 보다 약한 중국을 위한 덩샤오핑의 신중한 외교정책을 버리고 있다. 한층 더 막강해지고 한층 더 억제를 덜 받는 중국은 어떤 모습을 보일까? 이 두 나라가 지역적, 국제적 영향력을 군사적 수단으로 확장하게 내버려둔다면 과거에 우리가 직면했던 위협과 맞먹는 위협이 되지 않으리라고 누가 장담할 수 있겠는가? 덩샤오핑에서 시진핑으로의 전환은 후쿠야마가 칭송했던 "근대화"와 "보통의 진화 패턴"에 대한 우리의 믿음과 상충된다. 우리는 역사가 우리를 20세기 전반의 전쟁, 폭정, 파괴에서 벗어나게 해주리라고 믿고 싶어 했지만 역사와 인간의 본성은 오히려 우리를 그쪽으로 몰아갈지도 모른다. 그런 역사의 퇴행을 막기 위해 우리가 각고의 노력을 기울이지 않는다면 말이다.

우리는 우리의 적이 공산주의자가 아니라 그저 독재자일 뿐이라는 사실에서 너무나도 많은 위안을 얻어왔다. 냉전시대에 진 커크패트릭 같은 이들은 미국인은 독재를 두려워할 필요가 전혀 없다고 주장했다. 독재정부는 결국 충분한 시간만 주어지면 민주정체로 진화하게 되지만 "전체주의적" 공산주의는 영원하다고 했다. 물론 이는 전혀 사실이 아닌 것으로 판명되었다. 소련과 동부 및 중부 유럽의 공산주의 정부들이 몰락한 것은 사실이지만 미국이 지원하는 저항세력이 그들을 축출했기 때문이 아니다. 소련과 동구권에서 정부들은 평화로운 개혁을 실행하고 체제를 개방하려 했고, 이는 결국 민주정체의 구축으로 이어졌다. 이러한 체제는 러시아에서는 잠시 유지되었고 동부와 중부 유럽에서는 더 오래 지속되었다. 냉전 이후에 몰락한 우익 독재자들—인도네시아의 수하르토, 이집트의 무바라크—은 개혁을 하지 않았다. 사실 그들은 끝까지 개혁에 저항했고 장악력을 늦추기는커녕 오히려 강화했으며, 야권 지도자들과 시위자 수천 명을 죽이고 가두었다. 소련의 고르바초프와 대부분의 동부와 중부 유럽 공산주의 정부들은 그렇게 하기를 거부했다. 대부분의 독재정권들이 몰락한 가장 큰 이유는 미국이 지지를 철회했기 때문이다. 냉전 이후 베네수엘라나 아랍권에서 정권을 잡거나 살아남은 독재정권들은 체제를 개방하거나 자유화할 기미를 전혀 보이지 않았다. 중국에서는 정부가 공산주의의 몇몇 장식적 요소만 남기고 보다 지속 가능성이 있어 보이는 독재체제와 일인통치로 대체했다. 오늘날 독재체제(authoritarianism)는 몰락하기 전의 공산주의보다 개혁을 요구하는 내부의 압박에 덜 취약하고, 국경 바깥에서 주어지는 자유주의 압력을 버텨낼 역량이 훨씬 크다는 사실을 입증했다.

한 가지 이유는, 공산주의는 자유주의와 마찬가지로 계몽주의가 그 뿌리이기 때문일지 모른다. 여러모로 공산주의는 같은 여건에서 자유주의와 경쟁했고, 경쟁력이 없음이 입증되었다. 공산주의는 극단적인 형태의 계몽주의를 제시했기 때문에 자유주의보다 훨씬 더 인간의 본성과 충돌했다. 따라서 한편으로는 그 체제를 훨씬 강제적이고 가혹하게 강요해야 했고, 다른 한편으로는 실현하겠다고 한 약속들을 지키지 못할 가능성이 훨씬 높았다. 공산주의는 인간의 영혼에 호소력이 있는 많은 약속—정의와 진정한 평등, 그리고 물질주의의 종식—을 했지만 인간이 감당할 수 있는 것 이상을 요구했고, 이상과 현실 간의 간극을 훨씬 더 벌려 놓았다. 공산주의는 약속을 실현하는 데 실패하자 자신감의 위기에 봉착했다. 공산주의가 지정학적 성공들을 박탈당하고 힘과 영향력을 추구하는 냉전시대의 경쟁에서 뒤처지자, 소련 지도자들조차도 그들이 그토록 믿었던 이념이 내세운 약속과 약속 이행에 실패한 현실을 조화시키는 데 애를 먹었다. 정확히 케넌이 예언한 대로였다.

그러나 독재자들은 그와 같은 취약한 여건에 놓여 있지 않다. 냉전시대 동안 독재체제(authoritarianism)를 옹호한 이들은 그것이 전통적이고 유기적이고 자연스럽다고 주장했지만, 어쩌면 독재체제가 바로 그 자연스러움 때문에 훨씬 심각하고 지속 가능한 위협일지도 모른다. 우리는 독재체제를 진화적 과정의 한 단계라고 생각했다. 그러나 어쩌면 단계라는 것은 없는지도 모른다. 독재체제는 안정적인 인간 실존의 여건일지도 모르고, 자유주의와 민주정체보다도 훨씬 안정적일지도 모른다. 독재체제는 자유주의가 충족시키지 못하는, 인간 본성에 내재된 핵심적인 요소들—질서와 강력한 지도력, 무엇보다도 가족, 부족, 국가가 주는 안전에 대한 갈망—에 호소한다. 자유주의 세계질서가 인종이나 국적을 초월해 개인의 권리, 자유, 보편성, 평등, 사해동포주의와 관용을 표방한다면, 오늘날의 독재체제는 정반대 성향을 매우 전통적이고 유서 깊은 방식으로 표방한다. 결국 수 세기 동안 지속되어온 이러한 전통을 전복하겠다고 약속한 새로운 이념이 자유주의였다. 그리고 자유주의가 표방하는 내용에 설득당하지 않은 이들은 자유주의에 적대감을 표했다. 처음부터 자유주의는 극렬한 반자유주의를 불러일으켰다. 18세기와 19세기에 계몽주의를 비판하면서 반계몽주의 지도자라고 일컬어진 이들은 특히 자유주의적 세계관의 보편성, 개인의 지위 신장, 국가와 부족과 가족에 대한 개인의 권리를 공격의 표적으로 삼았다. 그들은 그러한 사해동포주의는 전통과 문화와 "인간을 가장 인간답게 만드는 모든 것"을 뿌리 뽑는다고 주장했다. 그들은, 대부분의 사람들이 늘 믿어왔듯이, 자연스러운 "권위의 위계질서"를 믿었고, 자유주의가 야기하는 혼돈과 불능보다 루이 14세의 "경외심을 불러일으키는 힘(awe-inspiring power)"을 선호했다. 인간은 "자유롭도록 창조되지 않았고" 인간은 오로지 "현명한 독재정부"하에서만 행복을 찾을 수 있다고 생각했다.[182]

이러한 반자유주의적 세계관은 자유주의가 뿌리를 내리는 곳이면 어디서든 자연발생적인 항체처럼 등장했다. 반자유주의적 세계관은 문화를 수호하기 위한 독일의 투쟁과 제1차 세계대전에서 개인보다 국가가 우선이라는 주장에 힘을 실어주었다. 이러한 세계관은 양대 세계대전 사이의 기간에 파시스트 운동에 영향을 주었다. 아시아에서는 개인보다 공동체, 자유보다 화합을 강조하는 "아시아적 가치"라 일컬어지는 가치관을 옹호하는 데 영향을 주었다. 현재 중국 정부가 자유주의에 대해 제기하는 비판은 공산주의자의 비판이 아니라 보수주의자의 비판이다. 바이마르 시대에 만연했던, 불만을 품은 구 독일 귀족정치 잔존 세력의 주장을 그대로 옮겨왔다고 해도 과언이 아니다. 지난해 중국 국영 신화통신은 "서구의 자유주의적 민주정체를 질식시키는 위기와 혼돈"에 대해 언급하면서, 중국에서는 공산당과 비공산당들이 합심해 "사회적 화합"을 보존하고

"효율적인 정책 수립과 집행"을 위해 협력하지만, 자유주의 진영에서는 "경쟁적이고 대결적인 서구 정치", "끝없는 정치적 배신과 반목과 정책의 번복"으로 "경제적, 사회적 진보가 지연되고 국민의 이익이 대부분 무시되어왔다."라고 지적했다. "수백 년이 지나 서구의 모델"은 "노쇠한 징후가 드러났고", "세계가 안고 있는 수많은 병폐를 양산해냈으며, 해결한 문제는 거의 없는 휘청거리는 민주정체의 병폐에 대해 심각하게 반성해야 할 때가 되었다."[183]라고 했다. 푸틴과 그의 정치적 자문들도 똑같은 주장을 했다. 급진 이슬람은 계몽주의 사고를 배격하고 영성과 종교적 전통의 철저한 고수를 주장한다. 이러한 주장을 빼면 시체다. 자유주의에 대한 반계몽주의적 비판은 전통적 가치와 종교적 믿음이 근대 자유주의 세계의 냉혹한 물질주의의 도전을 받고 훼손된다고 생각하는 이들에게 늘 호소력을 발휘한다. 그러한 사람들 사이에 역풍을 초래한 것은 세계화가 아니었다. 자유주의의 세계화였다. 경제의 세계화였다.

우리는 공산주의가 붕괴되었을 때 감사했지만, 자유주의 세계질서는 공산주의가 적일 때 꽃피었다. 자유주의 세계질서는 자유주의의 폐단과 단점을 보다 효과적으로 공격하는 반계몽주의적 가치관을 상대할 때는 공산주의를 상대할 때보다 선전하지 못한다. 20세기 첫 몇십 년 동안 민주정체를 위협하는 가장 막강한 도전자는 좌익이 아니라 우익 쪽에서 비롯되었다는 사실을 기억할 필요가 있다. 영국 역사학자 에릭 홉스봄이 지적한 바와 같이, "양대 세계대전 사이의 20년 동안 자유주의가 후퇴했는데, 자유민주적이라 불릴 만한 정권 가운데 좌익에 의해 전복된 정권은 단 하나도 없다. 위험은 전적으로 우익에서 비롯되었다. 그리고 우익은

192

헌법적이고 대표성 있는 정부에 대한 위협에 그치지 않고, 그러한 자유문명에 대한 이념적인 위협이고 전 세계로 확산될 위험이 있는 운동이며, 이를 '파시즘'이라 일컬으면 마땅치 않을 뿐만 아니라 완전히 부합하지도 않는다."[184] 고르바초프는 대부분의 소련 국민들보다 서구 진영의 리버럴과 훨씬 공통점이 많았다. 동성애자의 권리와 페미니즘을 반대하고, 자유주의적 서구 진영의 "젠더 없는 불모(genderless and infertile)"의 도덕관을 비판하며, 러시아정교와 보수적인 전통을 지지하는 푸틴은 고르바초프와는 달리 러시아인 대다수의 정서를 대변할지 모른다.

러시아인뿐만이 아니다. 푸틴의 메시지는 자유주의와 자유주의가 허용하는 이민정책에 대한 환멸감이 점증하는 서유럽에 울림을 준다. 미국에서조차 울림이 있다. 멀지 않은 과거에 패트릭 뷰캐넌은 푸틴을 "퇴폐적인 서구의 문화적, 이념적 제국주의"에 맞서는 "모든 대륙과 모든 나라들의 보수주의자, 전통주의자, 국가주의자들"의 목소리라고 일컬었다.[185] 그리고 과거에 미국 정치에서 뷰캐넌주의는 주류에서 한참 벗어난 주장이었지만 이제는 아니다. 그의 주장은 여러모로 트럼프가 등장하기 전의 트럼프주의였다. 오늘날 여론조사 결과가 맞는다면, 러시아의 "강한 지도자" 유형을 선호하는 사람이 늘었다. 적어도 트럼프 지지자들 사이에서는 말이다. 푸틴은 "국제적 자유주의 민주정체"에 맞서는 "사회적, 문화적 보수주의 성향"인 보통 사람들의 지도자로 자신을 자리매김해왔는데, 아마 서구 진영을 포함해 전 세계에는 공산주의자를 자처했던 이들보다 그런 보통 사람들이 훨씬 많을지 모른다.[186] 미국과 유럽의 정치체제에 러시아가 효과적으로 침투하게 된 이유다. 러시아는 서구 사회에서 진정으로 위험한 균열들을 이용해왔다. 마르크스주의자가 신봉하는, 계급을 바탕으로 한 균열이 아니라 부족과 문화를 바탕으로 한 균열 말이다.

그렇다면 오늘날 민주정체가 직면한 난관은, 어쨌든 민주정체가 전 세계에 확산되었던 냉전 때보다 극복하기가 더 버겁다. 우리는 공산주의에 승리한 자유주의가 인간이 진화하는 종착점이라는 탈냉전시대의 망상을 버려야 한다. 5천 년 역사가 그렇지 않음을 증명해준다. 그리고 이는 독재자들이 자국민에게 자유주의와 자치(self-government)를 금지하기 때문이 아니다. 사람들은 늘 자유를 갈망하고 이러한 보편적인 갈망은 다른 모든 욕망들보다 우선한다는 우리의 믿음은 인간의 경험을 제대로 묘사하지 못한다. 사람들은 질서와 안전도 추구하고 이를 제공해줄 강력한 지도자를 환영할지 모른다. 설사 그 지도자가 온갖 권리와 자유를 모두 허락하지는 않는다고 해도 말이다. 고난의 시기에, 그리고 고난의 시기뿐만 아니라 언제든, 사람들은 자기들 가운데 섞여 있는 "다른 이들"에 대한 분노와 앙심, 두려움과 증오를 분출할 배출구를 찾는다. 제1차 세계대전 후의 독일이나 냉전 후의 러시아처럼 패배와 치욕을 겪은 이들은 민주정체에서는 충분한 위안과 보복과 정의에 대한 충분한 약속을 얻기 어렵다고 여기며, 그러한 것들을 제공할 강력한 지도자를 기대한다. 그들은 영적, 정서적 욕구를 비롯해 보다 거창한 국가의 욕구들은 다루지 않으면서 국가 예산과 온갖 사소한 문제를 두고 끊임없이 논쟁하는 데 넌더리를 낸다. 우리는 종국에는 자유에 대한 욕망이 인간이 지닌 다른 충동들을 이긴다고 믿고 싶어 한다. 그러나 종국이란 없고 최종적 승리도 없다. 인간의 실존은 서로 다투는 충동들 간의 끊임없는 투쟁이다. 자기애와 이타심

간의 투쟁, 고결과 본능 간의 투쟁, 자유에 대한 욕망과 질서와 안전에 대한 욕망의 투쟁이다. 그리고 이러한 투쟁은 결코 끝이 없기 때문에 이 세계에서 자유주의와 민주정체의 운명은 결코 정해지지 않았다. 현재의 민주적 시대가 일시적이라기보다 영속적이라는 믿음이나 민주정체를 끊임없이 가꾸고 보호하지 않아도 살아남는다는 믿음은 망상이다.

민주정체는 종말을 맞을 운명이라는 믿음과 민주정체가 살아남기 어려운 곳에서 생존을 돕는 일은 우리 소관이 아니라는 믿음 또한 망상이다. 오늘날 미국 외교정책을 비판하는 이들은 미국이 민주정체가 뿌리내릴 여건이 자연스럽게 조성되지 않은 곳에 민주정체를 확산시키거나 지지하려고 애쓰지 말아야 한다고 주장한다. 대체로 이슬람권에서 민주정체를 지원하려고 애쓰지 말아야 한다는 뜻이다. 폴란드나 헝가리나 이탈리아를 뜻하는 게 아니다. 하지만 서구 진영에서는 민주정체가 자생적으로 뿌리내린다고 너무나도 확신한 나머지 유대교-기독교 가치관이 토대라는 서구 문명은 늘 민주정체의 안전지대라고 믿는 것은 아닐까? 역사는 이와는 달리 주장한다. 파시즘과 공산주의가 부상한 지역도 기독교 문명인 서구 진영이다. 기독교 군주와 기성 교회들이 지배하는 독실한 기독교 국가에서 19세기에 근대 경찰국가가 뿌리를 내렸다. 제1차 세계대전 후에 민주정체가 붕괴된 지역도 기독교 문명인 서구 진영이다. 오늘날 민주정체가 위기에 처한 지역도 기독교 문명인 서구 진영이다. 오늘날 가장 열렬하게 유대교-기독교 가치를 주창하는 이들은 유럽의 국가주의자, 포퓰리스트, 유사 파시스트 정당, 그리고 독재를 꿈꾸는 정부들이다. 트럼프는 폴란드에서 서구 문명을 찬양하는 연설을 했지만, 폴란드가 기독교 전통을 이어받기는 했으나 폴란드식 민주정체가 살아남을지는 미지수다. 미국이 실제로 자유주의 전통과 자유주의 제도들이 존재하는 지역에서만 민주정체를 지원했다면, 지금은 19세기 말에 존재했던 여섯 개 남짓한 나라들만 지원하고 있을지 모른다.

　지난 70년 동안 자유주의 세계질서의 보호막 속에서 살아온 우리는 서구 진영 내에서도 서구 바깥 지역에서도 어디서든 민주정체를 유지하는 일이 끊임없는 투쟁이라는 사실을 잊어버렸다. 자유 민주정체는 역사상 흔하지 않았다. 자유 민주정체가 인간의 본성에 반하지 않을지는 모르지만, 인간의 본성이 선호하지 않는다는 사실은 분명하다. 자유 민주정체가 우리 시대에 살아남고 번성한 이유는 이를 주도하는 국가들이 안전지대를 구축해 자유 민주정체가 그 안에서 보호받고, 성공을 가로막는 자연적인 장애물들을 극복하게 해주었기 때문이다. 이를 주도한 국가들은 어느 사회에나 존재하는 민주적 세력과 비민주적 세력 간의 지속적인 투쟁에서 민주적 세력에 힘을 실어주었다. 민주정체가 결코 뿌리내린 적이 없고 한 세기 전만 해도 민주정체는 상상도 하지 못했을 유럽과 아시아 국가들에서 그리했다. 오늘날 민주정체가 이슬람권에 뿌리내리기 불가능하다고 믿는 사람들은 그리 멀지 않은 과거에 마찬가지로 가톨릭 국가와 아시아 국가들에서도 민주정체가 불가능하다는 강한 확신을 지니고 있었다는 사실을 상기해야 한다. 미국과 미국의 동맹국들은 수십 년에 걸쳐 수조 달러와 수백만 명의 군대를 쏟아부어 유럽과 아시아에서 민주정체를 성장시키고 유지했다. 미국이 유럽과 아시아에 들인 노력과 시간의 일부분만이라도 이슬람권 독재정권들을 지지하는 데 말고 민주적 정부를 육성하는 데 투자했더라면 이슬람권은 어떤 모습일지 궁금하다.

놀라운 점은, 이 모든 일이 일어났음에도 불구하고, 미국이 새로운 "현실주의"의 조언을 거부하고 자유주의 세계질서에 대한 지원을 재개한다면, 여전히 이 질서를 수호하고 어쩌면 붕괴되는 시기를 어느 정도 상당 기간 늦출 역량이 미국에게 있다는 사실이다. 오늘날 자유주의 세계질서는 훼손되지 않고 그대로 남아 있다. 이 질서에 대한 트럼프 행정부의 적대감과 이전 행정부들의 나약함에도 불구하고 말이다. 자유주의 세계질서를 뒷받침하는 국제적 구조는 내구력이 있다. 그 이유는 여전히 자유주의 세계질서에 호의적인 힘의 배분과 지리적 현실을 토대로 하고 있기 때문이기도 하고, 또한 자유주의적 가치가 공격을 받고 있기는 하나 여전히 세계의 민주적 국가들을 결속시키는 힘이기 때문이기도 하다. 독재체제도 나름의 호소력이 있고 앞으로도 자유주의와 끊임없이 경쟁하겠지만, 독재정부들은 공동의식(sense of commonality)이 없다. 중국과 러시아는 서로 적은 아니지만 그렇다고 동맹도 아니다. 두 나라는 자유주의에 대한 반감을 지녔다는 점 외에는 공통점이 거의 없다. 탈냉전시대가 증명했듯이, 민주적 국가들을 결속시키는 것은 공동의 적 이상의 무엇이다. 따라서 유럽과 아시아의 동맹국들과 미국의 관계는 지금까지도 유지되어왔다. 미국의 과거 두 행정부하에서 동맹을 유지하려는 미국의 결의가 약화되어왔지만 말이다. 아직 구제할 자유주의 세계질서가 존재한다. 미국 국민이 이를 구제할 가치가 있다고 결심한다면 말이다.

그러나 미국인들은 그리하는 데 필요한 대가를 치를 의향이 있는지에 대해서도 결단을 내려야 한다. 그리고 그 대가는 변하지 않았다. 질서를 유지하기 위해 해야 할 일은 대부분 외교적, 경제적 조치들이다. 미국은 전후시대부터 탈냉전시대 초기까지 유럽과의 관계를 규정해온, 심도 있게 관여하는 정책으로 되돌아가야 한다. 미국은 건강하고 자유로운 유럽이 우리 모두에게 혜택을 주는 질서의 중심축이라는 사실을 깨달아야 한다. 따라서 영국의 유럽연합 탈퇴, 유로존 위기, 러시아의 사이버 위협, 유럽의 에너지 공급 문제는 유럽만의 문제가 아니라 미국에게도 영향을 미치는 범대서양 문제로 다루어야 한다.

또한 미국은 유럽 정부들과도 협력해 유럽에서 민주정체가 후퇴하지 않도록 해야 한다. 냉전 후에 유럽연합과 북대서양조약기구에 가입한 나라들은 회원 자격을 얻기 위해 높은 수준의 민주적 통치 기준을 충족시켜야 했다. 그들 중에 그러한 기준을 더 이상 충족시키지 못하는 나라들은 처벌을 하거나 회원 자격을 중지시키거나 회원으로서 누리는 혜택을 일부 박탈해야 한다. 헝가리와 터키는 북대서양조약기구 회원국으로서의 혜택을 기대할 수 없고, 헝가리의 경우 "비자유주의"를 찬양하고 자유주의 세계질서의 기본적 전제 조건을 거부하는 한 유럽연합 회원국으로서 누리는 혜택을 일부 박탈해야 한다.

마지막으로 미국은 무역과 국제기구와 관련해 자유주의 계약으로 되돌아가야 한다. 미국은 환태평양경제동반자협정(TPP) 참여를 거부함으로써 자유주의 세계질서에 심각한 타격을 주었고, 이는 중국에게는 대단한 호재로 작용했다. 미국이 무역정책에서 캐나다와 독일 같은 가까운 동맹국들을 상대로 "이길" 방법을 모색한다면 자유주의 세계질서는 훼손된다.

미국인들은 자유주의 세계질서하에서 미국인 본인들이 누구보다도 큰 혜택을 누려왔고, 그 질서를 지탱하는 것은 다름 아닌 자유무역체제라는 사실을 알아야 한다. 제2차 세계대전에 앞서 수십 년 동안 그랬듯이, 자유무역체제가 붕괴되고 보호주의가 발호한다면 이는 "승리"라고 할 수 없다.

그리고 국제체제에서 미국의 압도적, 군사적 우위를 유지해야 하는 문제가 있다. "연성" 권력이다 "똑똑한" 권력이다 말이 무성하지만, 결국 미국의 안보 보장은 잠재적인 공격자들을 억제하고 패배시킬 경성 권력을 전개하는 역량이고, 경성 권력이야말로 자유주의 세계질서의 본질적인 토대로서 이러한 토대 없이 자유주의 세계질서는 결코 살아남지 못한다. 탈냉전시대가 시작되면서, 특히 지난 10여 년에 걸쳐 양당 의원들은 군사력에 대한 재정 지원을 소홀히 해왔다. 양당이 임명 동의한 국방장관들은 세계 각지에서 억지력을 행사해야 하는 육군 군사력의 역량이 점점 저하되고 있다고 경고했다. 그리고 최근 몇 년 사이, 전쟁의 위험은 감소하기는커녕 증가일로를 걸어왔다. 미국은 전쟁의 억제가 전쟁의 수행보다 훨씬 대가를 적게 치른다는 사실을 명심해야 한다.

그러나 힘을 유지하는 데 필요한 건 돈뿐만이 아니다. 그 힘을 사용하겠다는 의지도 중요하다. 온갖 고통과 아픔을 겪더라도, 불확실성에 직면해 시행착오를 겪더라도, 실패와 우를 범하더라도, 비도덕적이고 잔혹한 짓을 하게 되더라도, 목숨을 잃고 재물을 잃는 한이 있어도 말이다. 자유주의 세계질서를 유지하기 위해 우리가 해야 하는 일들은 대부분 파병이 필요하지 않지만, 군사력이 필요한 때가 반드시 온다. 더 이상 이라크나 베트남 같은 사건이 일어나지 않게 하고, 과거의 실수에서 교훈을 얻고,

같은 패착을 되풀이하지 않기 위해 최선을 다해야 한다. 그러나 실패를 완벽하게 모면할 수 있다고 생각한다면 어리석다. 그런 비극들을 모면할 방법은 순전한 고립과 수수방관뿐이다. 오바마 행정부는 "어리석은" 짓은 하지 않는다는 노선을 제시했다. 다른 이들은 "불필요한" 전쟁을 피하고 오직 "필요한" 전쟁만 해야 한다고 주장해왔다. 과거에 사람들은 미국이 "주변부"에서 일어나는 싸움은 피하고 "핵심적인" 지역에서 "필수적인" 국익만을 위해 싸워야 한다고 주장했다. 듣기에는 그럴듯한 이 모든 제안들이 안고 있는 문제는 사후에 가서야 비로소 무엇이 "어리석은" 전쟁이고 무엇이 "필수적인" 전쟁이었으며, 무엇이 "필수적" 국익이고 무엇이 "주변적"인지를 알게 된다는 사실을 완전히 무시하고 있다는 점이다. 미국이 베트남에 개입해야 공산주의의 승리를 저지할 수 있다고, 미국에 필수적인 전략적 이익이 걸려 있다고, 일본을 보호하는 차원에서, 그리고 공격에 저항하는 총체적인 노력의 일환으로서 베트남 개입이 필요하다고 믿은 똑똑한 사람들이 많았다. 이라크가 보유하고 있다고 알려진 대량살상무기로부터, 그리고 연달아 침략 행위를 저지르고 대량 학살을 자행하는 이라크로부터 세계를 보호하는 게 필수적인 국익이라고 믿으면서 이라크전쟁을 지지한 뛰어나고 저명한 외교정책 전문가와 정치인들을 나열하자면 끝도 한도 없다. 나중에 군사적 개입이 실패할 조짐이 보이자, 그리고 첩보가 틀렸고 정치군사적 전략이 부적절했던 것으로 드러나자, 그때 가서야 비로소 처음에는 개입을 지지했던 많은 이들이 개입은 실수였을 뿐만 아니라 명백히 피할 수 있었던 실수였다고 주장했다. 본인들도 개입할 당시에는 실수라고 생각하지 않았으면서 말이다. 그러나 이는 여러 문제들 가운데 하나에 불과하다. 많은 실수들은 실수를 실제로 저지를 때까지는 그게 실수인지 분명치 않다. "필요한" 전쟁과 "불필요한" 전쟁의 구분도 마찬가지다. 1941년 12월 독일이 미국에 선전포고를 하기 직전, 미국의 많은 전문가들과 미국 국민 대다수는 유럽에 참전해 히틀러를 패배시켜야 한다고 생각하지 않았다.

주변부에서 발생하는 전쟁에 대해 말하자면, 세계는 서로 깔끔하게 단절된 별개의 지역들의 집합이 아니다. 편의상 한 지역은 "유럽", 또 다른 지역은 "아시아", 또 다른 지역은 "중동" 등으로 부르면서, 한 지역에는 개입하고 다른 지역에는 개입하지 않겠다고 말할지 모른다. 하지만 지역들은 서로 맞닿아 있고 서로가 서로에게 영향을 주며, 각 지역의 경제뿐만 아니라 역사, 문화, 종교도 서로 얽히고설켜 있다는 점에서 지역 구분은 인위적인 구조일 뿐이다. 강대국들은 석유가 생산되기 전부터, 수에즈 운하가 생기기 전부터, 중동과 페르시아만 정세에 개입해왔다. 중동 지역에서 발을 빼면 중동과 연결되고 중동을 통해 연결된 세계로부터 발을 빼는 셈이 된다. 그리한다고 해도 미국이 중동에 개입하지 않게 될지는 모른다. 최근 몇십 년 동안 미국은 중동에서 발생하는 일이 중동에만 국한되지 않는다는 사실을 뼈저리게 깨달았다. 미국은 다시는 중동에 대해 생각하지 않아도 되기를 바라지만, 그 어떤 행정부도 중동에서 발을 빼는 데 성공하지 못했다. 오바마도 못 했다. 한편 미국이 사우디아라비아, 이집트, 이스라엘 같은 나라들에 의존해 중동 지역에서 일어나는 사건들의 향방을 결정하려고 하면 할수록 미국이 선택한 방향에서 점점 더 벗어나게 된다. 그들이 미국 없이 사태를 관리할 수 있다고 해도, 그럴 가능성은

희박해 보이지만, 그들이 보호하는 대상은 그들의 이익이지 미국의 이익
도 아니고 자유주의 세계질서에 부합하는 이익도 아니다.

미국에게 이는 전부 아니면 전무의 문제가 아니다. 미국은 모든 지역에
일일이 개입할 수도 없고 그렇게 하는 것의 근처에 가본 적도 없다. 중동
에서 그리고 다른 지역에서도 미국은 여전히 결정을 내리도록 요구받을
것이다. 어떻게 개입하고, 얼마나 깊이 개입하고, 얼마나 오래 머물지 말
이다. 그리고 이에 대한 답은 분명하지도 않고, 결과는 불확실하거나 심
지어 예측 가능하지도 않다. 미국이 개입한다고 해서 문제가 "해결"되지
도 않는다. 아니면 미국이 개입해 한 가지 문제를 해결하면 또 다른 문제
를 야기하게 된다. 추가로 위험을 야기하지도 않고 추가로 개입할 필요도
야기하지 않는 결과를 고집하면, 불가능을 가능케 하라고 주문하는 셈이
다. 미국이 제2차 세계대전에 개입해 히틀러를 물리쳤지만 소련 공산주의
가 유럽의 절반을 장악하고 40년 동안 냉전이 지속되는 결과로 이어졌다.
이게 엉망진창인 현실이다. 오바마 대통령은 시리아 같은 문제에 개입해
문제를 단지 억누르는 정책이 못마땅하다고 말했다. 그러나 비스마르크
든 디즈레일리든 역사적으로 가장 뛰어난 외교정책을 실행한 이들은 문
제를 해결하기보다 억누르는 정책을 펼쳤다. 제2차 세계대전 이후 미국의
총체적인 대전략은 유럽, 아시아, 그 밖의 지역에서 문제가 발생하지 않
게 억누르는 정책이었다. 그러한 정책이 바람직한지 여부는 억누르는 문
제가 무엇이고, 그 문제가 터지게 내버려두기보다 터지지 않게 억누르는
게 더 바람직한지 여부에 달렸다.

미국 국민은 실수와 재앙을 모면하는 외교정책을 바란다. 누가 그들을

비난할 수 있겠나? 그러나 그런 외교정책을 바라는 것은 미식축구 경기에서 가로채기 없이 터치다운을 하기를 바라거나, 금융인이 오로지 수익이 나는 투자 결정만 내리기 바라거나, 법조인이 모든 사건에서 승소하기를 바라는 셈이나 마찬가지다. 사람들은 실수한 후에도 하던 일을 멈추지는 않는다. 다만 다음번에는 더 나은 결과를 얻으려고 노력할 뿐이다. 우리는 외교정책의 수립을 중단할 수는 없다. 아무리 미국의 지리적 여건과 미국이 지닌 부와 힘 때문에 그리하고 싶은 유혹을 받는다고 해도 말이다. 외교정책의 실패로 치러야 하는 대가는 인명과 국가 재정으로 측정되고, 따라서 올바른 외교정책을 수립하기 위해 신중에 신중을 기해야 한다. 하지만, 그럼에도 불구하고 외교정책은 여전히 인간의 활동이고, 따라서 미래를 예측하려고 최선을 다해도 결함이 있고 실패할 가능성을 피할 수 없다.

게다가 오류에는 두 종류가 있다. 작위(作爲)로써 범하는 오류와 부작위(不作爲)로써 범하는 오류가 있다. 제1차 세계대전 후 미국은 전자에 훨씬 초점을 맞췄다. 제2차 세계대전 후에는 후자의 경우를 훨씬 우려했다. 오늘날 미국은 거의 전적으로 전자에 집착하고 있다. 한두 해 전 〈아메리칸 컨서버티브(American Conservative)〉의 편집인 로버트 메리는 "미국의 5대 외교정책 대참사"라는 목록을 만들었다. 최상위는 이라크전쟁이었고, 제1차 세계대전 참전, 베트남전쟁, 소말리아 개입, 피그만 "침공"이 차례로 그 뒤를 이었다. 모두가 행동함으로써 저지른 오류였다. 그렇다면 행동하지 않아서 야기된 "대참사"는 어떤가? 아프가니스탄에 있는 알카에다 기지들을 파괴하지 않은 실책을 저지른 결과 뉴욕 쌍둥이 빌딩과 국방부 건물에서 3천여 명이 목숨을 잃게 된 사건은 어떤가? 일본의 필리핀 공격을 억제하지도 이에 대비하지도 않은 결과 석 달 동안 계속된 전투에서 미국과 필리핀의 군인 만여 명이 사망하고, 이어서 그 악명 높은 바탄 죽음의 행군에서 수천 명이 목숨을 잃게 만든 실책은 어떤가? 그건 소말리아 모가디슈에서 열여덟 명의 미군이 목숨을 잃은 비극보다 훨씬 끔찍한 오류가 아니었나? 미국이 시리아 위기를 억누르는 데 실패한 결과 자유주의 세계질서, 그리고 특히 미국의 핵심적인 유럽 동맹국들이 치러야 한 대가는 어떤가? 행동하지 않은 데서 비롯된 실책들로 치른 대가는 소말리아에서 행동함으로써 비롯된 실책들로 치른 대가보다 훨씬 값비싸지 않았나?

이러한 사고는 힘에서 벗어날 방법이 있다는 믿음에서 비롯된다. 천혜의 지리적 여건과 부의 축복을 받은 미국은 여전히 자국이 세계에 관여하든가, 세계는 각자 알아서 해결하게 내버려두든가 양자택일할 수 있다고 믿는다. 그런 선택권이 있다면 얼마나 좋겠나. 게다가 미국이 해외 사태에 더 이상 개입하지 않고 동맹국들로부터도 실질적으로 발을 빼는 선택지가 가능하고 그에 따라 치러야 하는 대가도 없다고 주장하는 현실주의자, 이상주의자, 진보주의자, 보수주의자도 끊이지 않았다. 그러나 미국이 직면한 진짜 선택지는 그게 아니다. 미국은 좋거나 나쁜 두 가지 선택지가 아니라 나쁘거나 한층 더 나쁜 두 가지 선택지에 직면하고 있다. 자유주의 세계질서를 유지하고 그에 따라 치러야 하는 모든 도덕적, 물질적 대가를 받아들이든가, 자유주의 세계질서가 붕괴되도록 내버려두고 이에 필연적으로 뒤따를 재앙을 불러들이든가 양자택일해야 하는 문제다.

그렇게 되면 헨리 키신저가 오래전에 예언한 대로 경쟁적인 다극체제의 세계로 되돌아가게 될 가능성이 농후하다. 미국이 역사의 방향을 바꾸려는 노력을 멈추면, 바로 그 지점에 도달하게 된다고 역사가 가리키고 있다. 바로 여기서 역사의 깊은 궤적을 따라 1945년에 세계가 처했던 상태로 되돌아가게 된다. 다만 이번에는 서로 경쟁하고 충돌하는 국가들이 핵무기로 무장하고 있다는 점만 다르다. 냉전시대 내내 미국의 강경한 외교정책이 핵무기로 인한 인류 학살로 이어지리라고 경고한 이들 가운데는 앞으로 세계가 서로 경쟁하는 다극체제가 될 경우 핵전쟁의 가능성을 두려워하지 않는 이들이 있다는 점은 참으로 공교롭다. 핵보유국들이 전쟁에 돌입할 수 있는지의 문제는 아직 판단하기 이르다. 지금까지 미국과 자유주의 세계질서가 그런 전쟁을 방지해왔기 때문이다. 그러나 역사를 지침으로 삼는다면, 신종 무기에 대한 공포에만 의존해 평화를 유지하는 게 가장 위험한 도박이다. 양대 세계대전이 발발하기 전에 그런 도박을 했다면 졌을지 모른다. 오늘날에는 미국과 소련이 서로 충돌하지 않은 이유가 핵무기의 존재 덕분이었다고 말하는 전문가들이 있지만, 당시에는 핵무기가 평화를 보장해주리라고 확신하는 사람은 거의 없었다. 냉전시대 내내 세계는 필연적으로 대결전을 향해 치닫고 있다고 추측한 이들이 있었다. 냉전시대에 미국이 실행한 정책들이 그런 결과를 야기하리라고 한 그들의 주장은 틀렸지만, 장기적으로 볼 때 그들의 주장이 옳다고 판명될 가능성은 여전히 남아 있다.

이러한 현실적인 곤경은 미국이 피하려고 아무리 애쓴다고 해도 피할 수 없다. 라인홀드 니버는 미국이 "세계 문제"를 해결하는 데 있어 미국 몫의 책임을 온전히 받아들이지 않는다면 "세계 문제"는 해결되지 않는다고 믿었다.[187] "미국 자신의 국경을 초월해 세계 공동체"를 뒷받침하는 일은 고결할 뿐만 아니라 "미국 자국의 이익을 제대로 이해하는 신중함"을 반영하기도 한다고 했다. 그러나 그는 미국이 "세계에서 짊어져야 하는 책임을 다함으로써 더욱 빈곤해진다"는 예언도 했다. 물질적 의미에서뿐만 아니라 도덕적 의미에서도 빈곤해진다는 뜻이다. "힘으로 조종하지 않고는 공동체를 구축하기"가 불가능하고, "힘을 이용하고도 완벽하게 순수하기"가 불가능하다는 뜻이다.[188] 한스 모겐소의 말마따나, "도덕적 순수성을 유지하려는 자는 누구든 행동하기를 완전히 포기해야 한다." 니버는 미국인들이 자신들이 하려는 행동에 대해 "안일한 양심"을 지니는 것을 바라지 않았다. 권력을 행사하기를 너무나 즐기려 하고 "세계 문제"를 해결하기보다 다른 나라들을 지배하는 데 그 힘을 행사할 위험이 늘 도사리고 있기 때문이다. 그러나 그는 또한 "책임질 일은 하지 않겠다는 유혹에 빠지는" "불편한 양심"을 바라지도 않았다.[189]

미국은 그동안 권력 행사를 너무 즐겨왔다고 해도 무방하다. 오늘날 미국은 권력을 덜 행사하기를 바란다. 그러나 국제체제에서 권력투쟁은 영원하고, 믿음과 이상을 두고 벌이는 투쟁도 영원하다. 미국의 안보체제와 미국의 믿음으로 세계질서를 구축하고 유지하지 않으면 다른 누군가가 그 역할을 대신하게 된다. 미국이 자유주의 세계질서를 수호하지 않으면 또 다른 종류의 질서가 이를 대체하거나 20세기에 우리가 목격했던 종류의 무질서와 혼돈이 발생하게 되는데, 후자 쪽이 발생할 가능성이 훨씬 높다. "있는 그대로"의 세계는 바로 그런 모습을 띠게 된다. 과거에 역사와 인간의 본성은 무질서와 혼돈으로 이어졌고, 역사와 인간의 본성을 다듬고 관리하고 저항하지 않으면 미래에도 무질서와 혼돈으로 이어지게 된다.

이는 인간의 실존에 대한 비관적인 시각이지만 운명론적인 시각은 아니다. 아무것도 결정되지 않았다. 자유주의의 승리도 패배도 결정되지 않았다. 지난 75년 동안 목격했듯이, 위험한 세계에서도 인류의 어마어마한 진보와 개선이 가능했다. 인간의 본성에 내재된 "선한 천사"를 북돋우고 악마를 억누를 수 있다. 밀림이 언제든 무성해질 수 있다고 해서 이를 막으려 해도 소용없다는 뜻은 아니다. 지난 수십 년 동안 우리는 밀림이 무성해지지 않도록 막아왔다. 1956년 독일계 미국인 역사학자 프리츠 스턴이 말했듯이, "우리의 역사적 경험이 깊어진다고 해서" "인류의 진보 가능성"에 대한 우리의 믿음을 내던져서는 안 되고, 오히려 "인간이 누리는 자유가 얼마나 위태로운지 더욱 뼈저리게 인식하고 이를 수호하는 데 더욱더 매진"해야 한다.[190] 자유주의 세계질서는 소중한 만큼이나 위태롭기도 하다. 밀림이 다시 울창해져서 우리를 모두 집어삼키지 않도록 하려면 자유주의 세계질서라는 정원을 끊임없이 가꾸고 돌보아야 한다.

| NOTES |

1. The one exception was the conflict between American and Chinese troops in Korea in 1950-1951.

2. See Steven Pinker, *The Better Angels of Our Nature: Why Violence Has Declined* (New York, 2011).

3. George Wilhelm Friedrich Hegel, *The Philosophy of History* (New York, 1956), 19; Francis Fukuyama, *The End of History and the Last Man* (New York, 1992), 48.

4. Ronald Steel, *Walter Lippmann and the American Century* (Boston, 1980), 375.

5. Hannah Arendt, *The Origins of Totalitarianism* (New York, 1951), ix.

6. Judith N. Shklar, *After Utopia: The Decline of Political Faith* (1957; Princeton, NJ, 2015), vii.

7. Arendt, *The Origins of Totalitarianism*, ix.

8. G. John Ikenberry, "The Rise of China and Future of the West: Can the Liberal System Survive?" *Foreign Affairs* 87, no. 1 (January/February 2008); Oona A. Hathaway and Scott J. Schapiro, *The Internationalists* (New York, 2017), xiv; Pinker, *The Better Angels of Our Nature*, 180.

9. Walter Russell Mead, "A Debate on America' s Role—25 Years Late," *Wall Street Journal*, May 22, 2017.

10. Speech by President Barack Obama, June 23, 2011.

11. Pew Research Center, May 4, 2016, http://www.people-press.org/2016/05/05/public-uncertain-divided-over-americas-place-in-the-world/; accessed March 6, 2018.

12. Kendrick A. Clements, *William Jennings Bryan: Missionary*

Isolationist (Knoxville, TN, 1982), 11.

13. Norman Angell, *The Great Illusion* (2009; New York, 2010), 317.

14. "The Defense of the Atlantic World," *The New Republic*, February 17, 1917.

15. Wolfgang J. Mommsen, *Imperial Germany, 1867-1918: Politics, Culture, and Society in an Authoritarian State* (1995; London, 2009), 209.

16. Heinrich August Winkler, *Age of Catastrophe: A History of the West 1914-1945, trans. Stewart Spencer* (New Haven, CT, 2015), 10.

17. Mommsen, *Imperial Germany*, 209-10.

18. Steel, *Walter Lippmann and the American Century*, 110-12.

19. Ezra Pound, *Hugh Selwyn Mauberley*, 1920.

20. Henry L. Stimson, *On Active Service in Peace and War* (1947; New York, 1948), 305-7.

21. Ibid.

22. James T. Patterson, *Mr. Republican: A Biography of Robert A. Taft* (Boston, 1972), 198.

23. Hans J. Morgenthau, "The Mainsprings of American Foreign Policy: The National Interest vs. Moral Abstractions," *American Political Science Review* 44, no. 4 (December 1950): 850.

24. Lynne Olson, *Those Angry Days: Roosevelt, Lindbergh, and America's Fight over World War II, 1939-1941* (New York, 2013), 222-24.

25. Franklin Delano Roosevelt address at the University of Virginia, June 10, 1940, http://www.presidency.ucsb.edu/ws/?pid=15965 #ixzz2glEu6 Ehs.

26. Patterson, *Mr. Republican*, 198-99.

27. Howard K. Beale, "Some Fallacies of the Interventionist View" (Washington, 1941), https://babel.hathitrust.org/cgi/pt?id=wu.8909584 2324;view=1up;seq=3.

28. Robert A. Taft radio address, July 15, 1941, in Clarence E. Wunderlin,

Jr., ed., *The Papers of Robert A. Taft*, Vol. 2: *1939-1944* (Kent, Ohio, 2001), 266; Beale, "Some Fallacies of the Interventionist View"; A. J. Muste quoted in in Justus D. Doenecke, *The Battle Against Intervention, 1939-1941* (Malabar, FL, 1997), 25.

29. Paul Kennedy, *The Rise and Fall of the Great Powers: Economic Change and Military Conflict from 1500-2000* (New York, 1987), 155.

30. John Darwin, *Unfinished Empire: The Global Expansion of Britain* (New York, 2012), 401.

31. Edward Grey, 1st Viscount Grey of Fallodon, *Twenty-Five Years, 1892-1916* (New York, 1925), Vol. II, 147-48; Theodore Roosevelt, "The International Posse Comitatus," *New York Times*, November 8, 1914.

32. *The New Republic*, February 17, 1917.

33. 오늘날 입수 가능한 모든 증거를 보면 히틀러는 자신에게 유리한 시기가 오기만 하면 미국과 전쟁을 하려고 했다. 일찍이 1920년대 말 그는 "독일이 세계를 정복할 자격이 있다"는 분명한 속내를 지니고 있었다. Gerhard Weinberg, *Vision of Victory* (New York, 2005), 8, 15. 히틀러는 『나의 투쟁』 후속편으로서 출간되지는 않은 "두 번째 책"이라고 알려진 저서에서 1928년에 자신의 이러한 생각을 드러냈다. 그는 본래 이 과업을 다음 세대에게 맡기려고 했지만, 1940년과 1941년, 서부전선에서 쉽고 신속한 성공을 거두고 마찬가지로 소련의 신속한 패배를 예측하면서 과업을 추진할 시기가 앞당겨졌다. 그의 계획은 러시아를 정복하고 나면 육군을 지원하던 독일 산업생산시설을 영국과 미국을 상대하는 데 필요한 전함과 전투기 제작으로 전환하는 것이었다. 1941년 7월, 동부전선의 갈등이 유리한 방향으로 흘러가자 히틀러는 미국과의 전쟁에 박차를 가하기 시작했다. "근동, 아프리카 북서부, 식민지 확장을 위한 영토와 해외 지원기지들을 아우르는 대서양 권력 기반을 구축"하는 계획이 수립되었다. 그러한 기반이 구축되면 독일은 미국에 맞서는 데 이용할 "대규모 전함 해군력"을 건설하게 되는데 여기는 패배한 영국의 함대도 포함되게 된다. Klaus Hildebrand, *The Foreign Policy of the Third Reich*, tans. Anthony Fothergill(1970; Berkeley, CA, 1973), 113. 개입을 반대하는 이들은 대양을

가로질러 철통같이 방어하고 있는 해안을 공격하는 수륙양동 침공 작전은 불가능하다고 주장했다. 그러나 뒤이은 사건들을 통해 대대적이고 복잡하고 어마어마하게 어려운 작전이라고 〈뉴욕타임스〉 군사부문 담당 기자 핸슨 볼드윈이 묘사한 바로 그러한 종류의 공격을 미국과 영국이 D-Day에 감행했다. Hanson W. Baldwin, *United We Stand! Defense of the Western Hemisphere* (New York, 1941), 78-79. 유라시아 대륙에서 다른 모든 적들을 물리치고 그들의 산업역량과 국민들을 통제하고 장악하고 영국해군을 파괴시키거나 나포한 히틀러가 미국의 해군력을 무력화시키고 똑같은 종류의 작전을 감행하리라고 예상할 만했다. Gehard Weinberg, *A World At Arms: A Global History of World War II* (New York, 1994), 204-5.

34. Robert L Beisner, *Dean Acheson: A Life in the Cold War* (New York, 2006), 13-14, 21-22.

35. Melvyn P. Leffler, *A Preponderance of Power: National Security, the Truman Administration, and the Cold War* (Palo Alto, CA, 1993), 56.

36. Robert A. Divine, *Second Chance: The Triumph of Internationalism in America During World War II* (New York, 1967), 84.

37. Beisner, *Dean Acheson*, 151-52, 156.

38. Ibid., 13-14, 21-22.

39. John W. Dower, *Japan in War and Peace: Selected Essays* (New York, 1995), 165.

40. David McCullough, *Truman* (New York, 1992), 234.

41. Senator Burton Wheeler, for instance, insisted it was tantamount to saying "To hell with the United States." Divine, *Second Chance*, 152.

42. Ibid., 159. Even future Cold Warriors like Truman and Acheson did not yet view the Soviets as a likely adversary.

43. 냉전시대 전문 역사학자 존 루이스 개디스가 지적한 바와 같이, 루스벨트와 그의 보좌진은 어떤 위험으로부터도 미국을 보호하고 싶어 했지만 "그런 위험이 무엇인지, 어디서 그런 위험이 비롯될지에 대해 분명히 인식하지 못했다. 따라서 전후 국가안보에 대한 그들의 사고는 구체적이라기보다 일반적이었다." John Lewis Gaddis, *We Now Know: Rethinking Cold War History*

(Oxford, UK, 1997), 12.

44. President Franklin D. Roosevelt fireside chat, December 24, 1943, http://www.presidency.ucsb.edu/ws/index.php ?pid=16356.

45. Beisner, *Dean Acheson*, 52, 530, 373.

46. Ron Chernow, *Alexander Hamilton* (New York, 2004), 60.

47. http://tenthamendmentcenter.com/historical-documents/federalist-papers/federalist-10-the-same-subject-continued-the-union-as-a-safeguard -against-domestic-faction-and-insurrection/.

48. As the progressive journalist Freda Kirchwey put it, the "alternative to an unsatisfactory international order," it turned out, had not been "a satisfactory international order" but "uncontrolled power politics" and "international anarchy." Elizabeth Borgwardt, *A New Deal for the World* (Cambridge, MA, 2007),171.

49. Robert Dallek, *Franklin Roosevelt and American Foreign Policy, 1932-1945* (Oxford, UK, 1979), 506.

50. Even before the First World War British officials had privately regarded the empire as a "gouty giant" held together chiefly by bluff. Michael Howard, *The Continental Commitment: The Dilemma of British Defence Policy in the Era of the Two World Wars* (London, 1972), 75.

51. Marc Trachtenberg, *A Constructed Peace: The Making of the European Settlement, 1945-1963* (Princeton, NJ, 1999), 85.

52. See Dower, *Japan in War and Peace*, 155-61.

53. Dennis L. Bark and David R. Gress, *A History of Western Germany, Vol. 1: From Shadow to Substance, 1945-1963* (Hoboken, NJ, 1989), 86.

54. Dower, *Japan in War and Peace*, 166, 169, 27.

55. Bark and Gress, *A History of Western Germany*, 177.

56. Dower, *Japan in War and Peace*, 15, 24-26, 173.

57. See Robert Gilpin, "The Theory of Hegemonic War," *Journal of*

Interdisciplinary History 18, no. 4 (Spring 1988): 591-613.

58. G. John Ikenberry, *After Victory: Institutions, Strategic Restraint, and the Rebuilding of Order After Major Wars* (Princeton, NJ, 2000), 186.

59. On this point, see Ronald Hyam, *Britain's Declining Empire: The Road to Decolonisation, 1918-1968* (Cambridge, UK, 2006).

60. Giovanni Arrighi, "The World Economy and the Cold War, 1970-1990," in Melvyn P. Leffler and Odd Arne Westad, *The Cambridge History of the Cold War*, Vol. III: *Endings* (2010; Cambridge, UK, 2011), 26.

61. Wilfried Loth, "The Cold War and the Social and Economic History of the Twentieth Century," in Leffler and Westad, *The Cambridge History of the Cold War*, Vol. II: *Crises and Detente* (2010; Cambridge, UK, 2011), 512.

62. Arrighi, "The World Economy and the Cold War, 1970-1990," 26.

63. Left behind were Latin America and sub-Saharan Africa. Ibid., 36.

64. Ibid., 41.

65. Ikenberry, *After Victory*, 190.

66. Gaddis, *We Now Know*, 43-44.

67. For examples of American willingness to override or disregard allied views throughout the Cold War and beyond, see Stephen Sestanovich, *Maximalist: America in the World from Truman to Obama* (New York, 2014).

68. 이 선택지는 일본이 손쉽게 취할 수 있는 게 아니었다. "평화헌법"과 일본의 국방정책을 장악한 미국이 있었기 때문이다. 일본 국민은 국방비 증액에 관심이 없었다. 미국 정책입안자들은 일본이 그리해주기를 바랐을지도 모르지만 말이다.

69. Odd Arne Westad, *The Cold War: A World History* (New York, 2017), 3.

70. Geir Lundestad, *The United States and Western Europe Since 1945* (New York, 2005), 37.

71. For extensive evidence of the link between the Cold War and civil

rights, see Mary L. Dudziak, *Cold War Civil Rights: Race and the Image of American Democracy* (Princeton, NJ, 2000).

72. For an advocate of the Reagan approach, see Elliott Abrams, *Realism and Democracy: American Foreign Policy After the Arab Spring* (New York, 2017).

73. Samuel P. Huntington, *The Third Wave: Democratization in the Late Twentieth Century* (Norman, OK, 1991), 98.

74. 미국에서조차도 안보불안은 느슨한 연방 조문을 연방헌법이 대체하는 결과로 이어졌고, 실제로 안보가 불안해지거나 불안하다고 인식되는 시기에는 개인의 권리가 제한되었다.

75. 스탈린의 경제계획은 대대적인 경제적 실패로 이어졌다는 사실은 전쟁이 끝난 후에야 외부의 관측자들에게 명백히 보였다.

76. Loth, "The Cold War and the Social and Economic History of the Twentieth Century," 504-5.

77. Ibid., 506.

78. George Kennan to George Marshall ["Long Telegram"], February 22, 1946, Harry S. Truman Administration File, Elsey Papers, Harry S. Truman Presidential Library and Museum; https://www.trumanlibrary.org/ whistlestop/study_collections/ coldwar/documents/pdf/6-6.pdf.

79. 케넌이 지적한 바와 같이, "오늘날 소비에트 권력이 세계 공동체에서 차지하는 대표성보다 러시아 생활권에서 공산당이 차지하는 대표성이 훨씬 협소했던 때가 있었다."

80. John Mueller, "Questing for Monsters to Destroy," in Melvyn P. Leffler and Jeffrey W. Legro, eds., *In Uncertain Times: American Foreign Policy After the Berlin Wall and 9/11* (Ithaca, NY, 2011), 117.

81. Hyam, *Britain's Declining Empire*, 302.

82. 프랭클린 루스벨트는 전쟁이 끝난 후 미국이 소련과 국제적 동반자로서 협력할 수 있다고 확신했고, 대부분의 주요 관리들과 의회의원들도 같은 생각이었다. 애치슨의 인식의 변화에 대해서는 Beisner, *Dean Acheson*, 28-47을 참조할 것.

83. Loth, "The Cold War and the Social and Economic History of the Twentieth Century," 510.

84. George Kennan to George Marshall ["Long Telegram"], February 22, 1946.

85. 케넌과 NSC-68의 작성자들은 여러 가지 면에서 생각이 달랐고 케넌은 이 후 속문서가 제시한 권고사항들에 대해 반대했겠지만, 이 점에 관해서는 이견이 없었다.

86. William Taubman, *Gorbachev: His Life and Times* (New York, 2017), 263.

87. Ibid., 245. 그들이 보기에 레이건은 데탕트에 찬물을 끼얹었고, 무기통제를 포기했으며, 소련 진영을 분열시키려 했고, 니카라과, 캄보디아, 아프가니스탄, 앙골라의 반공 반란세력들을 무장시킴으로써 전 세계에서 소련의 영향력에 맞섰다. 레이건은 우주에서의 무기경쟁으로 소련을 위협했고 소련을 "악의 제국"이라 일컬었다. Ibid., 275.

88. Sestanovich, *Maximalist*, 240.

89. Arrighi, "The World Economy and the Cold War, 1970-1990," 28, 37-38.

90. 1961년, 볼셰비키 아나스타스 미코얀은 마르크스주의-레닌주의가 "옳고" 공산주의가 "보다 숭고하고 보다 바람직한 형태의 사회조직"인지 여부가 판가름 날 지역은 분단된 동독과 서독 두 개의 독일지역이고, 동독에서 승리하지 못한다면 "우리는 승리하지 못한 셈"이라고 선언했다. Loth, "The Cold Wa and th Social and Economic History of the Twentieth Century," 517.

91. Ibid., 523.

92. Chuck Sudetic, "Evolution in Europe: Bulgarian Communist Stalwart Says He'd Do It All Differently," *New York Times*, November 28, 1990.

93. Taubman, *Gorbachev*, 266.

94. Trachtenberg, *A Constructed Peace*, 64

95. 러시아가 무력으로 리투아니아를 잠시 탄압했던 예외적인 사례가 있지만, 그 어떤 심각한 탄압이 낳았을 결과에 비한다고 해도 이는 사소한 사건이었다.

96. Taubman, *Gorbachev*, 263.

97. Trachtenberg, *A Constructed Peace*, 401-2.

98. K. O. Morgan, cited in Hyam, *Britain's Declining Empire*, 404.

99. Walter Lippmann, *The Cold War: A Study in U.S. Foreign Policy* (New York 1947), 10, 18, 20, 22.

100. Connie Sachs in le Carre's *Smiley's People* (New York, 1979).

101. Reinhold Niebuhr, *The Irony of American History* (New York, 1952), 4.

102. Lewis Sorley, *A Better War: The Unexamined Victories and Final Tragedy of America's Last Years in Vietnam* (New York 1999), 386.

103. Ibid., 20.

104. Noam Chomsky, *American Power and the New Mandarins: Historical and Political Essays* (New York, 1969), 316.

105. Address by Secretary of State Henry Kissinger to the Commonwealth Club of San Francisco, February 3, 1976.

106. Statement by Secretary of State Henry Kissinger before the Senate Foreign Relations Committee, September 19, 1974; https://history.state.go v/historicaldocuments/frus1969-76v38p1/d45.

107. Richard Nixon, interview by Hedley Donovan, Henry Grunwald, Hugh Sidey and Jerrold Schecter, *Time*, January 3, 1972.

108. Sestanovich, *Maximalist*, 178.

109. Lundestad, *The United States and Western Europe Since 1945*, 249; emphasis in original.

110. See ibid.

111. The Times of London, *the Frankfurter Rundschau, and Liberation* (MORE INFO NEEDED). Robert Kagan, "The Ambivalent Super power," *Politico*, February 27, 2014, https://www.politico.com/magazine/story/2014/02/united-states-ambivalent-superpower-103860.

112. Beisner, *Dean Acheson*, 373.

113. Sestanovich, *Maximalist*, 170.

114. Brent Scowcroft and George H. W. Bush, *A World Transformed* (New York 1998), 322.

115. Ibid., 340.

116. George Will, "Panama: A Moment for Bush to Savor a Good-neighbor Policy with Best of Intentions," *Orlando Sentinel,* December 22, 1989.

117. David Halberstam, *War in a Time of Peace: Bush, Clinton, and the Generals* (New York 2001), 326.

118. Ted R. Bromund, Michael Auslin, and Colin Dueck, "Reclaiming American Realism," *American Affairs* 1, no. 2 (Summer 2017); Walter Russell Mead, "Trump Brings Foreign Policy Back to Earth," *Wall Street Journal,* November 29, 2017.

119. Sestanovich, *Maximalist,* 244.

120. Ralf Dahrendorf, Reflections on the Revolution in Europe (New York, 1990),120.

121. Lundestad, *The United States and Western Europe Since 1945,* 234.

122. Hans J. Morganthau, "The Mainsprings of American Foreign Policy: The National Interest vs. Moral Abstractions," *American Political Science Review* 44, no. 4 (December 1950): 838.

123. Francis Fukuyama, "The End of History," *The National Interest* 16 (Summer 1989): 16, 17.

124. For a look back at the controversy surrounding this document, see Eric S. Edelman, "The Strange Career of the 1992 Defense Planning Guidance," in Leffler and Legro, *In Uncertain Times,* 74. The Huntington quotation is also on p. 74.

125. Patrick Tyler, "U.S. Strategy Plan Calls for Insuring No Rivals Develop," *New York Times,* March 8, 1992.

126. Nicholas Lemann, "The Next World Order," *The New Yorker,* April 1, 2002.

127. Jeane Kirkpatrick, "A Normal Country in a Normal Time," *The National Interest* 21 (Fall 1990): 40-45.

128. Derek Chollet and James Goldgeier, *America Between the Wars:*

From 11/9 to 9/11 (New York 2008), 209.

129. 1998년 케냐와 탄자니아 주재 미국 대사관들에 대한 알카에다의 공격으로 200명이 사망한 후 클린턴은 알카에다의 근거지들과 화학무기를 제조하는 것으로 의심되는 수단 내 시설에 대해 크루즈미사일 공격을 명령했다―그리고 그 때문에 공화당원들의 비판을 받았다. 그러나 알카에다 기지들을 제거하려면 아프가니스탄에서 대규모 작전을 장기적으로 실행하는 방법뿐이었고 훗날 관료들이 회고한 바와 같이 그러한 작전은 "9/11과 같은 도발이 없다면 생각조차 할 수 없었다." Ibid., 269.

130. Ibid., 207.

131. Ibid., 247.

132. Ibid., 195-96.

133. Ibid., 197. The Republican leader in the Senate, Trent Lott, announced: "I cannot support military action in the Persian Gulf at this time." Ibid., 201.

134. Sestanovich, *Maximalist*, 285.

135. Al Gore speech to the Council on Foreign Relations, February 12, 2002, http://p2004.org/gore/gore021202t.html.

136. Speech on Senate floor by Senator Hillary Clinton, October 10, 2002.

137. 생화학 무기와 핵무기가 은닉되어있다고 의심되는 지역에서 아무런 증거도 발견되지 않았는데도, 2003년 4월 〈워싱턴포스트〉/ABC가 실시한 여론조사에서 미국인 70퍼센트는 전쟁을 지지했고, CBS 여론조사에서는 미국인 60퍼센트가 전쟁이 "옳았다"고 생각하는 것으로 나타났다. 한 달 후 갤럽 여론조사에서도 미국인 72퍼센트가 여전히 전쟁을 지지했다. *Washington Post/ABC News*, "Poll: Iraq War," April 4, 2003, http://www.washingtonpost.com/wp-srv/politics/ polls/vault/stories/data040303 .htm; Lloyd Vries, "Poll: U.S. Backs Bush on War," CBS News, March 21, 2003, https://www.cbsnews.com/news/ poll-us-backs-bush-on-war/; Frank Newport, "Seventy-Two Percent of Americans Support War Against Iraq," Gallup, March 24, 2003, http://news.gallup.com/poll/8038/

seventytwo-percent-americans-support-war-against-iraq.aspx.

138. "America's Forever Wars," *New York Times*, October 23, 2017, A20.

139. Masha Gessen, *The Future Is History: How Totalitarianism Reclaimed Russia* (New York, 2017), 116, 197, 233.

140. Lilia Shevtsova, *Lonely Power: Why Russia Has Failed to Become the West and the West Is Weary of Russia* (Washington, DC, 2010),144.

141. James Kirchick, *The End of Europe: Dictators, Demagogues, and the Coming Dark Age* (New Haven, CT, 2018), 22.

142. As the Russia scholar Leon Aron has noted, "modern Russian history is replete with examples of regime change in the wake of a foreign-policy or military setback." Leon Aron, "What Is Putinism?" *Journal of Democracy* 28, no. 4 (October 2017): 79.

143. David Shambaugh, *China Goes Global: The Partial Power* (New York, 2013), 29.

144. Ibid., 32, 34, 20.

145. Xi Jinping speech delivered at the 19th National Congress of the Communist Party of China, October 18, 2017.

146. William Clinton address, "On China and the National Interest," Washington, D.C., October 24, 1997.

147. See Kurt M. Campbell and Ely Ratner, "The China Reckoning." *Foreign Affairs* 92, no. 2 (March/April 2018).

148. Catherine Wallace, "Japanese Nationalism Today: Risky Resurgence, Necessary Evil or New Normal?" *Mejiro Journal of Humanities*, no. 12 (March 2016): 69.

149. "오늘날 일본, 중국, 남북한 간에 전쟁에 대한 기억을 둘러싸고 고조되는 긴장은 과거의 잘못을 바로잡으려는 시도일 뿐만 아니라, 아베 정부하의 일본의 외교정책과 중국의 부상, 그리고 북한의 계속되는 호전성으로 인해 지정학적 변화가 일어나고 있는 상황에서 자국의 입지를 확보하려는 시도이기도 하다." 아키코 하시모토, "Nationalism, Pacifism, and Reconciliation: Three Paths Forward for Japan's 'History Problem,'" *The Asia-Pacific*

Journal (October 25, 2016): 10.

150. Wallace, "Japanese Nationalism Today," 73.

151. Ibid., 74.

152. Mark Leonard, *Why Europe Will Run the 21st Century* (New York, 2005); Niall Ferguson, "Dense Fog in the Channel," Boston Globe, May 30, 2016.

153. Lundestad, *The United States and Western Europe Since 1945*, 235.

154. Sestanovich, *Maximalist*, 247.

155. Michael Howard quoted in Dahrendorf, *Reflections on the Revolution in Europe*, 153.

156. Dahrendorf, *Reflections on the Revolution in Europe*, 123.

157. Christoph Bertram, "The German Question," *Foreign Affairs* 69, no. 2 (Spring 1990).

158. Helmut Schmidt speech to the German Social Democratic Party conference, December 4, 2011; http://library.fes.de/pdf-files/id/ipa/08888.pdf.

159. Thomas Mann address to the Library of Congress, "Germany and the Germans," May 29, 1945.

160. Ivan Krastev, *After Europe*, 10.

161. "Europe's Populists Are Waltzing into the Mainstream," *The Economist*, February 3, 2018.

162. Krastev, *After Europe*, 63.

163. Arendt, *The Origins of Totalitarianism*, 263.

164. Ira Katznelson, Desolation and Enlightenment: Political Knowledge After Total War, *Totalitarianism, and the Holocaust* (New York, 2004), 14.

165. Ibid., 15.

166. Krastev, *After Europe*, 18.

167. Timothy Garton Ash, "It's the Kultur, Stupid," *New York Review of Books*, December 7, 2017.

168. Reuters "Obama Says U.S. Military Strikes Could Not Have Stopped Syria Misery," March 29, 2014; https://www.reuters.com/article/us-syria-crisis-obama/obama-says-u-s-military-strikes-could-not-have-stopped-syria-misery-idUSBREA2R21O20140329.

169. Krastev, *After Europe*, 13-14.

170. Thomas Wright, *All Measures Short of War: The Contest for the Twenty-first Century and the Future of American Power* (New Haven, CT, 2017), 63.

171. Viktor Orban speech at the Balvanyos Free Summer University and Youth Camp, July 26, 2014.

172. Fareed Zakaria, *The Post-American World* (New York, 2008); Wright, *All Measures Short of War*, 39.

173. H. R. McMaster and Gary D. Cohn, "America First Doesn't Mean America Alone," *Wall Street Journal*, May 30, 2017.

174. Daniel W. Drezner, "The Most Extraordinary Op-ed of 2017," *Washington Post*, June 1, 2017.

175. Sean Wilentz, "Fighting Words," *The World News*, March 19, 2018; Dahrendorf, *Reflections on the Revolution in Europe*, 5.

176. Patrick J. Buchanan, A Republic, Not an Empire (Washington, DC, 1999); Patrick Henry quoted in Jonathan Marshall, "Empire or Liberty: The Anti-Federalists and Foreign Policy, 1787-1788," *Journal of Libertarian Studies 4*, no. 3 (Summer 1980): 248-49.

177. Doenecke, *The Battle Against Intervention*, 68.

178. Samuel P. Huntington, *Who Are We? The Challenges to American National Identity* (New York, 2004), 310-16.

179. David French, "Donald Trump Struck a Righteous Blow Against Universalism," *National Review*, July 7, 2017.

180. Krastev, *After Europe*, 6.

181. Erich Fromm, *The Anatomy of Human Destructiveness* (New York, 1973), 20, 31.

182. Isaiah Berlin, "Counter-Enlightenment," in Isaiah Berlin, *Against the Current: Essays in the History of Ideas* (Princeton, NJ, 1979), 16-18, 28-29.

183. Reuters, "China State Media Attacks Western Democracy Ahead of Congress," October 17, 2017; https://www.reuters.com/article/us-china-congress-politics/china-state-media-attacks-western-democracy-ahead-of -congress-idUSKBN1CM0AB.

184. Eric Hobsbawm, *The Age of Extremes, 1914-1991* (New York 1995), 112; Katznelson, Desolation and Enlightenment, 15.

185. M. Steven Fish, "What Is Putinism?" *Journal of Democracy* 28, No. 4 (October 2017): 64.

186. Ibid.

187. Reinhold Niebuhr, "Christianity and Crisis," in D. B. Robertson, *Love and Justice: Selections from the Shorter Writings of Reinhold Niebuhr* (Louisville, KY, 1957), 200.

188. Reinhold Niebuhr, *The Irony of American History* (Chicago 1952), 4.

189. Ibid., 7; Robertson, *Love and Justice*, 205.

190. Fritz Stern, "Introduction," in Fritz Stern, ed., *The Varieties of History* (New York 1956), 24; Katznelson, Desolation and Enlightenment, 2.